영업고수의 비즈니스 매너와 대화법

작가 본연의 글맛을 살리기 위해

한글 맞춤법에 맞지 않는

일부 표현을 수정하지 않았습니다

영업고수의 비즈니스 매너와 대화법

권태호 지음

마음세상

CONTENTS

Chapter 1. 무조건 승리하는 비즈니스매너

매너는 습관이다 · 12

비즈니스매너 중요할까? · 18

아는 것과 아는 것을 실행하는 일은 완전 별개 · 25

무조건 승리하는 매너와 대화법 · 32

승리하는 사람이 매너가 좋다 · 38

운도 따라야 승리하는 법 · 44

함께 할 수 있는 것도 능력이다 · 50

좋은 매너 없이 승리는 없다 · 56

Chapter 2. 고객을 손에 넣기 위한 매너

고객 감동의 비결은 평범함에서 벗어나는 것 · 63

이 세상에 더 새로울 것은 없다 · 69

자존심을 누른다 자존감을 높인다 · 75

고객의 마음은 매너와 대화법으로 잡는다 · 81

비즈니스 현장에서 만나는 고객이 답 · 87

공감과 배려가 고객을 감동하게 한다 · 94

매너와 대화법으로 승리해야 한다 · 100

Chapter 3. 대화법을 극대화하기 위한 매너

관계의 운을 믿는다 · 107

대화는 가능한 간결하게 처리한다 · 113

미팅 전에 처리할 대화는 정해둔다 · 118

한번 내뱉은 말은 다시 주워 담을 수 있다 · 124

형식과 명분을 버리고 본질을 이해한다 · 130

목표와 긍정적인 사고가 대화법의 핵심이다 · 136

제발 혼자 끙끙거리지 말아야 한다 · 142

Chapter 4. 시기와 질투에서 벗어나기 위한 매너

시기와 질투를 피하려면 대화법 재점검이 필수 · 149

고객의 불만은 매너를 보여줄 기회이다 · 155

사소한 부분이 큰 문제를 만드는 법이다 · 161

하루의 시작은 눈을 뜨면서부터이다 · 167

고객을 대하는 태도를 분명하게 한다 · 173

가장 좋은 고객은 내가 만드는 것이다 · 179

지족지계는 최고의 시기와 질투 관리법 · 185

Chapter 5. 최상의 성과를 만들기 위한 매너

성과의 열쇠는 내 안에 있다 · 192

마지막 한끝의 성과는 긍정성에 달렸다 · 198

좋은 관계는 좋은 성과를 낳는다 · 204

치료보다는 예방에 초점을 맞춰라 · 210

리더의 삶은 평생교육이다 · 216

Chapter 1.

무조건 승리하는 비즈니스매너

매너는 습관이다

"와, 고맙습니다. 감사합니다. 먼저 이렇게 이른 아침부터 배움과 성장을 위해서 이 자리에 계신 여러분들 정말 대단한 분들이세요. 만나서 반갑습니다. 인사 먼저 드리겠습니다. 오늘 강연을 맡은 권태호 강사입니다."

기업 강연을 주로 하는 내가 나를 섭외해 준 기업에서 강의를 시작할 때 가장 먼저 시작하는 부분은 감사의 표현이다.

모든 영업사원이 그렇듯 비즈니스 영업의 현장에서 고객과 미팅하고, 현장의 이슈들을 잘 정리하여 상사에게 보고해야 하고, 현재와 미래를 연결하여 새로운 성과를 창출하기 위한 계획을 구상해야 하는 등 정말 바쁜 날들의 연속에서 귀한 교육을 허락해 준 회사와 구성원들에게 감사한 마음을 표현하고 싶은 부분이 핵심이다.

형식적으로 하는 인사말이 아니라 짧은 만남 속에서 긴 여운을 주듯이 강렬한 첫인상을 심어주기 위한 목적도 있다. 사실 대부분 사람이 다 알고 있지 않은가? 내 앞에 있는 상대방이 어떤 의도로 나에게 접근하고 있으며 그의 얼굴에서 이미 말하지 않아도 진실인지 혹은 거짓인지 딱 보면 어느 정도 감이 오지 않는가?

이미 다 알고 있으면서 시치미 뚝 떼고 모르는 척하고 있지 않은가? 내가 주로 만나는 청중들은 비즈니스 현장에서 고객과 씨름하고 있는 영업사원들이다. 영업해 본 사람이라면 누구나 공감하겠지만 고객의 얼굴, 표정, 분위기를 보면 어떤 의중인지 딱 보면 아는 경우가 대부분이다.

그만큼 영업사원들은 눈치도 빠르고, 센스와 감각이 뛰어난 편이다. 이런 상황에서 내가 아무리 잘났다고 착각을 하며 준비해 간 강의 자료가 훌륭하다고 하더라도 현재 그들의 상황과 시간을 소중히 여기지 않으며 내가 하고 싶은 말만 한다면 그들이 받아들일 수 있을까? 또한, 그 시간이 의미 있을까?

영업의 비즈니스 현장에서 고객을 만나 나의 제품을 소개해야 할 때를 생각해 보자. 고객의 소중한 시간을 확보했으니 현재 고객이 제품에 대해 너무 궁금한 상황이라면 바로 제품에 관해 설명해 주는 게 맞을 것이다. 하지만 고객은 제품보다는 자주 찾아오는 영업사원에게 미안함과 고마움을 느껴 만난 것이라면 단계별로 고객의 마음을 여는 것이 우선일 것이다.

내가 생각하는 매너란 바로 이런 것이다. 나보다 상대를 먼저 생각하고, 바라봐주는 마음. 이러한 진심들이 모여서 상대에게 그대로 전달될 때 원하는 목표를 하나씩 달성할 수 있을 것이다. 그렇다면 우리가 해야 할 일은 명확하다. 상대를 바로 알아야 하고, 사람에 대한 이해와 공부를 통해 배워야 한다.

여기서 말하는 공부는 단순한 이론뿐 아니라 실제 현장에서 사람을 경험해 보며 배우는 것도 포함이다. 가만히 생각해 보라. 현재 기업 영업부에서 근무하고 있다는 것은 사람을 배우고 있는 과정이다. 그것도 월급을 받으면서 말이다. 여기서 중요한 사항은 긍정적으로 생각하고, 말하고, 표현하는 연습을 의도적으로 해야 한다는 것이다.

긍정적인 면이 습관화되면 진정성 있는 태도로 자연스럽게 상대에게 전달이 되고, 상대는 당신을 매너 있는 사람으로 인식하게 될 것이다. 결국, 매너는 습관이다. 습관은 하루아침에 절대 만들 수 없다. 어려운 것처럼 보이지만 우리가 조금만 신경을 쓰고, 생각한다면 누구나 매너 있는 습관을 만들 수 있다.

나는 세 명의 자녀를 키우고 있다. 아이들을 보면 그들만의 특성을 발견할 수 있다. 크게 세 가지인데 자기중심적 사고, 충동성, 모방성이 그것이다. 첫째, 자기중심적 사고란 어떤 하나에 집중하면 다른 것들은 보지 못하는 자기중심적 사고를 하고 있다. 모든 주의를 자신들의 관심 영역에만 한정시키기 때문에 한 가지 일에 열중하면 다른 일은 생각하지 않는 경향이 있다. 둘째, 마음이 불안하거나 들뜬 기분일 때 차분하게 행동하지 못한다. 예를 들어 부모에게 꾸중을 듣거나, 하던 일을 제지당하면 곧 침울해지고 과잉행동을 하는 경향이 있는 것을 볼 수 있다. 즉, 기분이나 감정의 변화대로 행동하려는 경향을 말한다. 셋째, 어린이들은 성장하면서 어른들의 행동을 따라 하려는 심리가 강해 옳지 않은 행동까지 모방하려는 경향이 있다. 특히 부모의 말과 행동 심지어 표정까지 따라 하는 것을 보면 알 수 있다.

주의를 둘러보면 나이는 먹고, 보이는 모습은 어른인데 실제로는 아이들과 같은 특성을 가진 어른들이 있다. 그들을 보면 어떤가? 안타까운 마음이 든다. 우리는 보통 그들을 '예의가 없다.'라고 말한다. 이처럼 매너는 우리가 사회생활을 하는데 매우 중요한 부분이다. 특히 이해관계가 있는 비즈니스 현장에서의 매너는 격식이며 상대를 위한 존중과 배려의 한 부분으로 반드시 지켜야 할 예절이다.

늘 감사한 마음과 겸손한 자세로 나보다는 상대를 더 낫게 여기고, 나를 내세우기보다는 상대를 더 세워주면 결국 돌고 돌아 주위에서 자신을 세우게 되는 모습을 확인할 수 있다. 상대를 더 낫게 여기고, 상대를 더 세워주는 가장 손쉬운 방법을 하나 알려주겠다. 바로 표정이다. 밝은 표정과 미소로 상대에게 다가간다면 상대는 나를 매너 있는 사람으로 바라볼 것이다.

아무리 잘생기고, 예쁜 얼굴이라 하더라도 웃지 않고, 무표정한 얼굴과 표정으로 상대를 대한다면 호감이 생기지 않을 것이다. 볼수록 매력 있는 사람이 더 오래가고, 좋은 관계를 유지할 수 있다. 그래서 우리는 항상 어린아이와 같은 호기심 가득한 눈빛과 사랑스러운 아이를 바라보는 부모의 미소로 상대를 대하는 연습을 해야 한다.

강연을 시작하며 나는 항상 선물을 준비해서 간다. 청중들의 마음을 열기 위한 아이스브레이킹으로 강연 주제와 연관된 다양한 게임을 하는 데 적극적으로 참여하는 소수의 청중을 만날 때가 있다. 난 그들을 매너 있는 청중이라고 부른다. 사실 아무리 강사라도 처음 만나는 사람들과 게임을 진행하는 것은 용기가 필요한 행동이다.

주로 많이 활용하는 게임 중 하나인 초성 게임을 진행하며 마지막 문제로는 'ㄲ'의 제시어를 보여주며 청중들의 호응을 끌어낸다. 누군가는 '꽃!', 다른 누군가는 '끝' 등의 답변을 말한다. 하지만 내가 생각한 문제의 정답은 '꿈'이었다. '꿈은 이루어진다.'라는 메시지를 던지기 위해 낸 제시어이다.

끝보다는 새로운 시작이란 단어를 좋아하며, 혼자가 편한 비판적인 시각과 사고보다는 다소 불편하더라도 함께하며 할 수 있다는 긍정의 믿음과 확신이 결국에는 더 강하고, 세련되고, 무조건 승리하는 법이다.

이러한 강사들의 진심이 담긴 용기를 알아주며 용기 내어 호응해 주고, 답변해 주는 청중을 만나면 정말 힘이 난다. 이처럼 매너는 용기 있는 행동이며, 혼자가 아닌 함께 바라봐주는 게 핵심이다. 이를 통해 서로가 서로에게 힘이 되어 주며 함께 나아가는 힘이 바로 매너 있는 말과 행동을 통해서 나타나는 패턴이다.

무조건 승리하는 비즈니스 매너의 첫 번째 핵심은 바로 매너는 습관이다. 라는 명제를 알아야 한다. 하루아침에 이루어지지 않는 습관의 무서움과 중요성을 바로 아는 것이야말로 예의 있는 행동의 첫걸음임을 인식하고, 오늘부터 좋은 매너를 습관화하기 위한 꿈을 키워보는 건 어떨까?

비즈니스매너 중요할까?

'매너가 사람을 만든다.'라는 말이 있다. 매너는 인간이 기본적으로 갖추어야 하는 습관이다. 비즈니스 매너란 산업 현장 등 비즈니스 상황에서 기본적으로 갖추어야 하는 태도를 의미한다. 영업을 시작하면서 지식(Knowledge), 스킬(Skill), 태도(Attitude) 세 가지 핵심역량을 배우고, 적용하기 위해 가장 우선시해야 할 요소가 바로 태도라고 나는 줄곧 강조해왔고, 믿고 있는 부분이다.

직장에서 기본 매너가 좋은 사람이 보통 핵심 인재인 경우가 많다. 핵심인재란 기업에 없어서는 안 될 중요한 인물이다. 핵심인재는 언제나 '갑'이며, '회사가 붙잡는 인재가 되어야 한다.'라는 사실은 누구나 알고 있다. 이를 위해서 우리는 매너뿐 아니라 4가지를 반드시 명심하고, 지켜야 한다.

첫째, 이미지를 지키고, 유지해야만 한다. 이미지의 2가지 차원이 있다. 내적 이미지와 외적 이미지가 있는데 내적 이미지가 충족되고, 만족 되어야지만 진정한 외적 이미지를 완성할 수 있다. 내적 이미지는 심리적, 정신적, 정서적 특성이 이미지화된 것이라고 볼 수 있다. 사람의 심성, 생각, 감정, 가치관, 신념, 지적 수준 등을 의미한다.

외적 이미지는 내적 이미지가 외부로 표현된 현상을 말하며 외모적, 행동적, 언어적 이미지 모두를 뜻한다. 생활 습관이 매우 중요하며 잘 보이기 위해서 우리는 평소에 좋은 생각, 언어와 행동을 통하여 우리의 수준과 이미지를 끌어올려야 한다.

둘째, 바로 인사다. 인사 예의는 사회생활을 하면서 가장 기본이면서 중요한 부분임을 명심하자. 그렇다면 인사는 누가 먼저 해야 할까? 대표가? 사원이? 상사가? 부하직원이? 반드시 기억하자. 인사는 〈내가 먼저〉하는 것이다. 내 직책이 무엇이든 중요하지 않다. 먼저 본 사람이 하는 것이 바로 인사다.

셋째, 전화 예절이다. 보이지 않아도 목소리만으로도 볼 수 있는 것이 바로 전화이다. 목소리의 질을 결정하는 것은 표정이라는 연구결과가 있듯이, 전화 응대 시에 친절한 미소와 표정으로 전화를 받으면 상대는 그 누구라도 느낄 수 있다. 또한, 긍정적인 에너지와 적극적인 사고에서 나오는 자신감을 가지고 책임의식과 주인의식으로 응대한다면 고객은 당신을 만나고 싶어 할 것이다. 아무리 바쁘더라도 고객보다 전화를 절대 먼저 끊는 우를 범에서는 안 된다.

넷째, 명함 예의다. 명함을 동시에 주고받으면 오른손으로 건네고, 왼손으로 받아 다시 오른손으로 옮겨 잡는다. 명함은 반드시 명함 케이스에 갖고 다니자. 명함을 주고받기 전에는 먼저 착석하지 않는 것이 좋다. 가슴 높이에서 양손으로, 명함을 받은 사람이 읽을 수 있는 방향으로 전달하며 상급자 순서대로 상대방에게 명함을 전달해야 한다.

이 외에도 직장생활을 하며 알고 있으면 도움이 될 소개 매너와 보고 매너를 간략하게 알려주겠다. 남성을 여성에게 소개, 연소자를 연장자에게 소개, 덜 중요한 사람을 중요한 사람에게 소개해야 한다. 보고해야 할 것을 완료했다면 즉시 보고한다. 보고는 반드시 지시한 사람에게 한다. 결론, 경과, 절차 순으로 간결하게 보고한다. 사실만을 보고한다. 보고의 내용이 중요하거나 복잡할 때는 문서로 보고한다. 보고가 끝나면 인사를 하고 자리로 되돌아온다. 중간보고는 필요하면 반드시 해야 한다.

내가 생각하는 비즈니스 매너의 중요성은 아무리 강조해도 지나치지 않는다. 매너가 좋은 사람을 만나면 아름다운 향기가 나는 한다발의 꽃을 선물 받은 느낌이다. 산업 현장에서 오래 일을 하다 보니 다양한 사람을 만날 수 있다. 보통 영업하는 사람이 상대하는 고객에게 어려움을 느끼는 경우가 있는데 두 가지가 있다는 사실을 알 수 있었다.

하나는 내 생각을 상대방 머릿속에 집어넣는 경우, 다른 하나는 남의 주머니에 있는 돈을 내 주머니에 옮겨 놓는 것이다. 영업을 잘하는 영업 고수는 위 두 가지를 정말 잘하는 사람이고, 그렇지 못한 영업인은 위 두 가지로 영업을 정말 힘들어하고 있다.

내 생각을 다른 사람의 머릿속에 잘 집어넣는 사람을 우리는 영업 고수라고 말한다. 연말을 지나면서 생각을 해 보았다. 내가 가장 잘한 것이 무엇일까? 영업을 시작한 것이다. 생각하면 생각할수록 내가 잘한 일 중에 하나다. 하나가 아니라 내가 잘한 일 그 자체다.

내가 가장 기뻤던 건 전국 영업 1등을 했던 순간이다. 만약 내가 영업을 시작하지 않았더라면 그럭저럭 살고 있었을 것이다. 내가 가장 보람 있게 생각하는 일은 바로 영업을 잘하고 싶은 사람들에게 도움을 주고 있다는 사실이다.

내가 가장 뿌듯한 일은 나에게 영업을 배워 성과를 잘 내는 경우를 볼 때다. 내가 가장 벅찬 것은 지금도 산업 현장에서 영업하고 있다는 것이다.

세상에 수많은 영업사원의 어려움이 세 가지가 있다. 첫째는 영업을 시작하는 순간이 어렵다. 두 번째는 영업으로 성과를 내기가 어렵다. 매출의 높고 낮음의 문제가 아니라 영업으로 승리하기가 어렵다. 그리고 그 무엇보다도 영업으로 끝을 내기가 어렵다. 영업하는 많은 사람을 보며 그 끝이 좋지 못한 경우를 무수히도 많이 보았다.

그런데도 나는 영업으로 사회에 첫발을 디뎠고, 영업으로 성과를 내어 현재는 수많은 영업인을 가르치며 함께 성장하고 있으니 이 얼마나 감사하고, 벅찬 일인가? 지금 생각해 보면 내가 영업을 하는 일은 사명을 받은 일인 것 같다.

지금 이 책을 읽고 있는 당신이 영업하고 있다면 크든 작든 반드시 하나의 성과를 만들기 바란다. 성과를 만들기 위해서는 두 가지가 필요하다. 첫째는 활동 범위를 넓혀야 한다. 영업인의 마음속에는 성과를 내어 많은 돈을 벌기를 원한다. 여기서 중요한 점은 돈이 들어오기를 바라는 마음보다는 먼저 당신의 인격과 넓은 마음의 공간을 확보하기를 바란다. 마음의 공간이 좁은 사람은 돈이 많으면 그 돈이 결국은 화가 되어 돌아온다. 반대로 마음의 공간이 넓은 사람은 돈이 들어오면 그 돈이 복이 된다.

여기서 말하는 인격과 넓은 마음의 공간이 바로 당신의 좋은 매너와 연결된다. 매너가 좋은 사람은 돈이 들어오고, 복이 들어온다는 의미이다. 좋은 매너를 가진 영업 고수가 성과를 만들어낼 수 있는 것이다.

코이라는 잉어가 있다. 이 코이는 어항에서 키우면 약 20cm까지 자라고, 강물에서 키우면 약 1m까지 자란다고 한다. 그릇의 크기에 따라 성장이 달라진다는 것이다. 우리의 인격과 넓은 마음의 공간을 확보해야만 하는 이유이다.

둘째는 영향력의 원을 키워야 한다. 영향력이 있어야 사람들을 끌어당길 수 있고, 고객들을 제대로 만날 수 있다. 성경에 보면 빛과 소금이 되라는 말이 있다. 착하게 살라는 말이 아니다. 빛은 매력을 말한다. 빛이 있으면 사람들이 모이게 된다. 빛은 자신의 언어, 말, 행동, 습관, 태도를 말한다.

소금은 맛을 내는 것을 말한다. 같은 말을 하더라도 맛을 내는 말을 하는 사람과 그렇지 못한 사람이 있다. 대화법의 중요성이다. 다양한 사람을 만나다 보면 맛을 내는, 맛이 있게 말을 하는 사람이 있는가 하면 정나미가 뚝 떨어지게 말을 하는 사람들이 있다. 당신은 어느 쪽인가?

또한, 소금의 특징 중 하나가 바로 변함이 없다는 것이다. 변함이 없는 것을 신뢰성이라고 말한다. 사람을 끄는 힘은 신뢰성이 있어야 하고, 믿을만한 성품을 가져야 한다. 이 책에서 내가 말하고자 하는 핵심이 바로 이 부분이다.

비즈니스매너와 대화법은 우리가 생각하는 그 이상으로 너무 중요하다. 우리가 잘 알고 있는 스포츠 스타 손흥민 선수가 있다. 손흥

민 선수는 아시아인으로 처음으로 잉글랜드 프리미어 리그(EPL)득점왕에 등극했다. 손웅정 감독님 인터뷰를 보면서 크게 공감되는 키워드들이 있다. '기적 같은 기회', '겸손', '집중', '긍정적', '극복', '행복', '즐기면서', '절대 혼자 못 해요', '11명', '피와 땀' 나 또한, 영업하는 것이 기적 같은 기회라고 생각하며 감사함과 겸손함으로 하루하루 집중하고 있다.

누구보다 긍정적인 태도로 어려움을 극복하기 위해 행복한 마음으로 즐기면서 비즈니스 현장을 누비고 있다. 영업도 절대 혼자 못하는 영역이다. 동료와 협업이 필요하며, 타 부서와의 소통이 요구된다. 모든 것이 매너와 연결되어 있다. 이 결과 나는 최우수 영업사원 선정, 전국 영업 1등, PSR of the Franchise, TOP6 of Global의 영광을 받을 수 있었다.

아는 것과 아는 것을 실행하는 일은 완전 별개

내가 영업을 하면서 최우수 영업사원으로 선정이 되고, 전국 영업 1등을 할 수 있었던 이유는 무엇일까? 어떻게 잘해서 이런 성과를 창출할 수 있었을까? 원인과 결과가 있듯이, 무엇이든지 계기, 시작점이 분명히 있다. 대학교를 졸업과 동시에 나는 영업에 관심을 두기 시작하면서, 어떻게 하면 나의 활동 범위와 영향력의 원을 키울 수 있을지에 대해 고민하기 시작했다. 그 결과 비즈니스 영업현장에서 영업의 직무를 즐기면서 어떻게 하면 성과를 낼 수 있는지에 대한 작은 관심이 보였고, 거기에서부터 모든 시작은 출발한다.

지금 이 책을 읽고 있는 여러분들은 지금 하는 일과 관련하여 비즈니스매너&대화법에 대해 얼마나 큰 관심을 쏟고 있는가?

비즈니스매너는 신뢰를 구축하는 데 필수적이다. 상대방에게 예의를 갖추고, 존중하는 태도를 보일 때 고객의 마음을 살짝 열 수 있다. 변함이 없는 소금처럼 신뢰는 장기적인 비즈니스 관계를 형성하고 유지하는 데 핵심적인 요소이다.

고객을 대하는 영업인이 고객에게 왜 회사의 대표자로 보이는지 아는가? 영업인의 비즈니스 매너는 곧 회사의 이미지로 반영하기 때문이다. 영업인이 고객이나 외부 파트너에게 보여주는 매너는 그 회사의 제품을 넘어 이미지를 형성하는 중요한 요소 중 하나이다. 그래서 전문적이고 매너 있는 대화법을 가진 영업 고수는 회사의 신뢰성을 높이며, 이미지를 긍정적으로 만드는 효과가 있다.

미국의 한 연구에 따르면 우리 눈의 편도체가 첫인상을 판단하는 데 걸리는 시간은 1,000분의 17초에 불과하다고 한다. A는 똑똑하다, 성실하다, 충동적이다, 고집스럽다, 질투심 많다. B는 질투심 많다, 고집스럽다, 비판적이다, 충동적이다, 똑똑하다고 가정하자. 당신은 둘 중 어떤 사람에게 호감이 가는가?

많은 사람이 A에게 더 호감을 느꼈다. 이것을 바로 초두효과라고 한다. '똑똑하다'라고 하는 단어 하나가 첫인상의 강력한 힘을 발휘한 것이다. 그렇다면 첫인상을 좌우하는 요소에는 어떤 것들이 있을까? 우리는 옷이나 표정 헤어스타일, 목소리 등으로 상대방의 첫인상을 결정한다.

앨버트 메라비언 교수는 한 사람이 상대방으로부터 받는 이미지는 시각이 55%, 청각이 38%, 언어가 7%에 이른다는 이론을 발표했다. 미국의 한 법정실험에서도 피해자의 첫인상에 따라 형량이 최대 5년까지 감소한다는 사실이 밝혀졌다. 이렇듯 좋은 첫인상은 신뢰나 호감을 쌓는데 매우 중요하다.

첫인상의 인식이 바뀌기까지는 약 40번의 만남이 이뤄져야 한다고 한다. 짧은 한순간 우리 인생을 좌우하기도 하는 첫인상의 중요성은 누구나 알고 있지만 실행하는 사람은 별로 많지 않은 것 같다. 특히 비즈니스 영업의 현장에서 첫 고객을 만나는 자리라면 더 신경을 쓰고, 잘 준비해야 할 것이다.

그렇다면 비즈니스매너와 대화법이 좋은 사람들이 반드시 지키고 실행하는 3가지 방법에 대해 구체적으로 소개하겠다. 첫째, 호감 가는 첫인상을 위한 자신만의 스타일을 완성한다. 표정, 미소, 헤어스타일, 복장 등 시각적으로 보이는 외적 이미지에 대한 연출이 필요하다.

둘째, 기억에 남는 키워드를 활용한다. 나는 주로 대중들 앞에 서는 경우가 많이 있다. 나의 첫 소개 논평은 다음과 같다.

"평소에 머리와 가슴속에 간직하고 있는 문구가 있습니다.

Because of가 아니라 In spite of로 생활하자!

직역을 해 보면 '~때문이 아니라, ~임에도 불구하고'란 뜻입니다.

'어제 늦잠을 잤기 때문에 오늘 지각했다.' 가 아니라

'어제 늦잠을 잤음에도 불구하고 오늘 일찍 왔다.'

뭐든지 마음먹기에 달려있다고 생각합니다.

안녕하십니까! 권태호입니다."

이렇게 소개를 하고 그다음에 상대를 만나면 상대는 나의 키워드를 기억하고, '그럼에도 불구하고!' 라며 나에게 인사를 먼저 건넨다. 자신만의 키워드로 상대방의 마음을 열어보자.

셋째, 상대의 고개를 들게 한다. 보통 외적 이미지를 잘 완성하기 위해서는 내적 이미지가 충분하게 뒷받침되어야만 한다. 평소 습관이 긍정적인 사고와 시각 그리고 태도로 나와 상대를 대하는 연습을 통해 나를 잘 관리해야 한다. 또한, 직무 관련 분야와 함께 다양한 분야의 책과 세미나에 참석하여 끊임없이 배우고, 성장하기 위한 노력을 해야만 한다.

이외에도 상대와 대화를 할 때는 '눈'을 보면서 신뢰도와 진정성을 파악하는 게 매우 중요하다. 결국, 나를 잘 표현하는 게 포인트이다. 국내 제약회사 제약 영업사원으로 근무할 때의 일이다. 삼아제약이라고 하는 중견 제약회사 영업직으로 첫 직장을 시작했다. 제약회사마다 중점적으로 신경을 쓰는 진료 과가 있다. 예를 들어 A 제약회

사는 비뇨기과에 특화된 약물이 많다. B 제약회사는 산부인과에 특화된 약물이 많다. C 제약회사는 내과에 특화된 약물이 많다. D 제약회사는 피부과에 특화된 약물이 많다.

삼아제약은 1945년 설립한 대한민국의 완제 의약품 제조업체이다. 특히 소아청소년과 의약품들을 중점적으로 양산하는 기업이다. 당시 PDA라고 하는 기기를 활용하여 병원 근처에 도착하여 PDA를 열어, 영업활동 목적에 대한 기록과 방문했다는 증거를 기기로 적어야 했다.

보통 하루에 12콜의 거래처를 돌아야 하는데, 7곳에서는 고객인 의사 선생님을 만날 수 있었고, 5곳에서는 방문 거절을 당하기 일쑤였다. 고객을 만날 수 있었던 7곳에서도 제품에 관해 설명할 기회보다는 명함만 전달하는 정도로 인사만 하고 나올 수밖에 없었다. 이렇게 3개월이 흐르니 '이건 아닌데'하는 생각이 들었다.

대학 졸업하고, 당당히 정규직으로서의 첫 직장에 합격해서 영업활동을 하는데 내가 하는 일이 성과와 연결되는 느낌도 들지 않고, 시간만 흐른다는 생각에 마음이 조급해지기 시작하며 방문 거절을 당하다 보니 점점 힘이 빠지기 시작했다. '이렇게는 안 되겠다'라는 생각과 함께 나를 돌아보기 시작했다.

그동안 취득했던 자격증, 배웠던 수료증, 과정들을 돌아보며 조금씩 나에게 집중하기 시작했다. 나에게는 풍선아트 강사 2급 자격증이 있다. 삼아제약은 소아청소년과에 집중하는 회사라고 위에서 말했다. 소아청소년과의 주 고객은 누구인가? 그렇다. 아이들이다. 대기실에는 아이들의 칭얼거리는 소리와 달래는 부모들의 기다림의 소리가 들린다.

보통 소아청소년과 의사 선생님들의 최대 관심사는 기다리는 아이들과 부모들의 대기 시간을 줄이기 위해 빠르게 진료를 보는 것이다. 이를 알 리 없는 하수의 영업사원들은 바쁜 대기실에서 자신이 담당하고 있는 제품 안내서를 넣은 가방을 안고 오랜 시간 의사 선생님을 만나기 위해 기다린다.

나는 단 한 번도 그곳에 앉아서 고객을 기다려 본 적이 없다. 사전에 고객의 관심사인 아이들과 부모들의 대기 시간을 줄이기 위해 빠르게 진료를 본다는 사실을 파악하고, 고객의 관심사를 해결해주기 위해 제안서를 작성했다. 특히 환자가 모이는 토요일 오전에 풍선아트 자격증을 활용하여 아이들에게 풍선을 만들어 선물하기 시작했다.

결과는 대박이었다. 다른 지점에서 전화가 와서 풍선아트 자격증에 대해 문의를 하는 영업사원들이 많아졌다. 이를 확인한 영업 전체 총괄인 사업부장님께서 전체 영업마케팅 직원이 모이는 워크숍 자리에서 성공사례공유를 요청하셨다. 그렇게 나는 하나의 성과를 만들었다. 그 자리에서 사업부장님께서는 "회사에서 뭘 지원해 주면 좋겠니?"라는 말씀을 주셨고, 나는 팝콘 기계를 요청했고, 아이들이 좋아하는 팝콘을 튀기며 고객들의 마음을 얻을 수 있었다.

자연스럽게 내가 담당하는 제품 프레젠테이션을 진행할 기회를 얻었고, 결과는 대박이었다. 고객들로부터 내가 가장 많이들은 말은 "제약회사 직원들은 다 자기 제품 설명하기 바쁜데, 권태호 씨는 남들 도울 생각만 하니 다른 사람과는 좀 다른 것 같네요." 그렇게 나는 고수의 영업사원으로 변화하기 시작했다.

'아는 것은 힘이다.'라는 말이 있다. 이는 틀린 말이다. '아는 것은 짐이다.', '아는 것을 실행하는 것이야말로 힘이다.' 누구나 안다. 하지만 아무나 실행하지는 않는다. 특별한 소수의 사람만이 실행에 옮겨 성과를 만들어낸다. 당신은 아는 사람인가? 아는 것을 실행하는 사람인가?

무조건 승리하는 매너와 대화법

담당하는 거래처 중에 A급 거래처라고 하는 대형 고객사가 있다. 병원도 마찬가지이다. 다수의 의사 선생님들이 있고, 직원들도 수십 명이나 되는 곳은 경쟁사 영업사원들도 탐을 내는 곳이다. 얼마 전 한 대형 피부과, 성형외과에서 전 직원 워크숍으로 체육대회를 진행할 거라는 소식을 듣게 되었다.

나는 즉시 제안서를 작성했다. 나에게는 레크리에이션 1급 자격증이 있다. 이를 활용하여 체육대회 출발부터 도착까지 전 프로그램 기획 및 진행 그리고 연출까지 혼자 다 준비했다.

이 과정에서 병원 실장 및 행정직원들과 친해지게 되었고, 병원의 상황이나 원장님들의 관심사에 대해 파악할 수 있었다.

이러한 정보를 바탕으로 나는 당일 행사를 성공적으로 진행하게 되었고, 다음 날 담당하는 제품 프레젠테이션을 진행할 기회를 얻을 수 있었다. 입사하기 전에 신입사원들은 보통 좋은 지역 즉 성과가 잘 나오는 지역을 받기가 어렵다. 대부분 시골이나 어려운 시장에 놓인 거래처를 받는 게 보통이다.

여기서도 매너가 좋은 영업사원과 그렇지 않은 영업사원의 반응은 다르다. 매너가 좋은 영업 고수는 '옳거니, 오히려 잘됐다. 이런 상황에서 내가 조금씩 노력해서 성과를 올려야지'라고 생각하는 반면 하수의 영업사원은 '안 되겠다. 다른 회사 알아봐야겠다'라며 회사를 떠난다.

회사를 떠나는 건 자유다. 하지만 해 보지도 않고, 지레 겁먹고 떠난다는 건 다른 곳에서는 더 큰 어려움이 기다리고 있다는 사실을 알아야 한다. 200여 명의 영업사원 중 187등에서 시작한 나는 6개월 만에 "넌 절대 10등 안에 들 수 없다"라는 선배의 말이 틀렸다는 것을 증명하듯이 상위 10%인 8등에 진입하게 되었다.

모든 제약회사 영업사원들이 그렇지는 않지만, 대부분의 국내 제약회사 영업사원들의 꿈은 외국계 제약회사로의 이직이다. 연봉, 복지, 문화 등 모든 면에서 월등하기 때문이다. 나 또한 그런 마음을 갖고 있었고, 우연한 기회로 고객의 소개로 입사 1년 만에 외국계 제약

회사인 한국MSD로 이직에 성공할 수 있었다.

월급을 공개하도록 하겠다. 2012년 나는 350만 원의 급여를 받았다. 2013년도는 460만 원, 2015년도에는 얼마를 벌었을까? 전국 영업 1등을 이룬 월 2,200만 원의 급여를 받을 수 있었다. 이렇게 벌 수 있었던 세 가지 이유는 다음과 같다. 첫째, 꾸준함 둘째, 긍정적 마인드 셋째, 목표관리이다. 꾸준함은 말할 것도 없다. 부정보다는 긍정의 믿음으로 말과 행동을 하는 게 중요하다. 목표 설정과 달성을 위한 연간, 분기, 월간, 주간, 일일 계획을 세워 나만의 목표 관리하는 방법을 발견하는 게 포인트다.

여기에 하나를 더했다. 바로 대화법! 대화법이 좋은 사람들의 얼굴과 표정과 말투는 다르다. 눈빛만 봐도 알 수 있다. 그래서 첫 책을 「거절에 대처하는 영업자의 대화법 (갈라북스)」 을 출간했다. 그해 나는 전국 영업 1등을 할 수 있었다. 결국, 비즈니스매너와 대화법이 좋은 영업사원들의 특징은 나를 잘 표현하기 위해 끊임없이 배우고 도전하는 사람들이다.

나는 제약회사 제약 영업사원의 신분이었지만 내 안에는 병원컨설팅 병원 컨설턴트로 생각하고 고객을 대했다. 문제를 해결해주는 사람이고, 병원에 도움을 주는 사람으로 나를 표현했다. 결국, 고객의 마음을 움직이는 말과 행동으로 고객의 머릿속에 남는 영업인이 되어야 한다.

Attitude, 태도

태도는 너무 중요하다. 직장생활에서, 비즈니스 현장에서, 가정에서, 교회에서 태도는 생각보다 많은 걸 표현해 주며, 좋은 태도는 자기중심성을 내려놓고, 상대방을 바라봐주는 진정성 있는 마음이다. 특히 혼자 잘났다고 설쳐 대는 사람보다는 함께 모여 한마음 한뜻으로 나아가고자 하는 사람에게 더 호감이 간다.

바로 매너가 좋은 사람이다. 이런 사람은 대화도 잘한다. 잘 말하고, 잘 들어준다. 특히 영업사원들은 매너가 필수 덕목이다. 오히려 '천상천하 유아독존형'이 위험하다. 너무 강하면 부러지는 법이며, 유연함이 필요하다. 아무리 일을 잘해도 태도나 말투에 따라 기나긴 인생에 있어 고난의 연속이 될 수 있다는 사실을 명심하자.

결국, 일을 잘한다는 것도 착각일 수 있으며, 자신이 아니라 주변에서 평가해 준다는 사실을 인지해야만 한다. 이것도 저것도 싫고, 귀찮으면 사표 던지면 된다. 그런 사람은 자기 사업해야 한다. 성공하든 실패하든 자신의 선택이며, 그 선택에 책임을 지면 그만이다. 생각보다 인생 단순하다.

너무 어렵게 생각할 필요 없다. 예를 들어보자. 직장생활에서 불편한 상사가 있다. 이러면 나는 그와 친해지기 위해 노력하는 편이다. 그에게 더 물어보고, 먼저 보고하는 편이다. 불편하다고 마주치지 않으려고 피하는 것이 아니라 '그럼에도 불구하고' 그에게 배우기 위해 더 다가가기 위해 노력한다.

내가 생각하는 무조건 승리하는 매너와 대화법이란 이런 것이다. 인생은 짧고도 길다. 인생길에서 현재 내가 소속되어 있는 곳이 인생의 전체이고, 전부일 필요도 없고, 그렇게 좁은 시야로 생각할 필요도 없다. 마치 지금 받는 월급이 끊기면 죽을 것 같은 착각으로 스트레스 받을 필요 없다.

어차피 인생은 혼자서는 절대로 모든 걸 다 할 수 없다. 특히 직장은 다양한 사람이 함께 일하는 곳이다. 서로 다른 곳에서 태어나 다양한 직무를 배워 이곳에 모였다. 스타일, 가치관, 생각 등 모든 것이 다르다. 달라서 불편하다고 생각할 게 아니라 다름 속에서 다양성을 인정하고, 존중하고, 배려하는 마음을 배우는 곳이 직장이라고 생각하자.

자신이 잘났으면 얼마나 잘났겠느냐? 또 네가 잘났으면 얼마나 잘났냐? 사람들 다 비슷하다. 비슷한 수준의 사람들이 서로 부족한 부분을 채우기 위해 현재 한 직장에 모여 있는 것이다. 아옹다옹 갈등을 일으키며 부딪힐 필요 전혀 없다. 서로 소중한 시간과 에너지를 낭비할 뿐이다.

나와 상대를 배려하고 존중하는 마음으로 말과 행동을 표현한다면 매너와 대화법이 좋은 사람으로 인정받고, 나 자신도 배려와 존중을 받을 수 있다. 존중받고 싶으면 다른 사람을 먼저 배려하고 존중하면 된다. 사람은 누구나 인정받고 존중받고 있다고 느낄 때 행복함을 느낀다.

존중받고 싶으면 내가 먼저 인사하듯이 다른 사람을 배려하고 먼저 존중하면 된다. 하지만 실제 현장에서 이론처럼 실전은 쉬운 일이 아니다. 보통 누군가를 배려하고 존중할 때 상대방도 나를 배려하기를 기대하게 되고, 그렇지 않으면 서운한 마음이 올라오기 마련이기 때문이다.

그러니 상대를 배려하면서 무언가를 바라지 말고 배려가 몸에 배 습관이 되도록 그 과정 자체를 즐겨야 한다. 이러한 좋은 습관이 모여서 성과를 창출하게 되고, 주변에서 나를 바라보는 평가의 중요한 요소가 된다. 퇴직하고, 개인 사업을 운영할 때나 이직하여 다른 회사로 옮기고 나서도 나에게 중요하게 작용하기 때문에 한 개인의 평판을 잘 관리하는 측면에서도 매너와 대화법은 절대적 영향을 미친다는 사실을 꼭 명심하기를 바란다. 결국, 돌고 돌아 나에게 돌아올 테니까.

승리하는 사람이 매너가 좋다

최고의 영업사원은 직무에 대한 전문성을 갖추고, 좋은 매너가 몸에 밴 사람이다. 직장에서 함께 생활하고 있는 전무님은 모든 직원과 협력 파트너 직원들 모두에게 인정을 받는 분이다. 7년 동안 함께 지켜본 그분은 리더십, 직무 기술, 의사소통 및 협업 모든 면을 두루 갖추셨다. 여기에 상대방을 배려하고 존중하는 매너 또한 훌륭하신 분이다.

사회에서 혹은 직장에서 인정받고, 소위 잘 나가는 사람들의 특징을 보면 반드시 두 가지를 갖추고 있다. 전문성과 인성의 균형이다. 전문성은 본인이 하는 업무에 있어서 뛰어난 능력을 발휘하는 것을 의미한다. 인성은 한 마디로 '매너가 좋다. 나쁘다'라고 할 수 있다.

즉, 직무에 대한 전문성을 갖추고 좋은 비즈니스 매너까지 몸에 밴 사람을 우리는 최고의 인재, 승리자라고 부른다. 어떻게 하면 승리하는 사람이 될 수 있는지 구체적으로 알아보자. 이 책에서 말하고 싶은 내용은 단순히 눈에 보이는 복장, 근태, 전화 요령, 보고 요령 등에 관한 기술을 말하려고 하는 게 아니다.

그건 굳이 말하지 않아도 다 알고 있다고 생각한다. 모르는 척을 할 뿐이지. 강의할 때 항상 하는 얘기지만 아는 것은 힘이 아니다. 아는 것을 실행하는 실행력이 발휘될 때 진정한 힘이 된다. 그래서 행동이 어렵다. 꾸준히 지속하는 건 더 어려운 일이다. 누구나 방법은 알고 있지만, 지속성이 어려우므로 승리하는 사람도 소수인 거다.

위에 언급한 복장, 근태, 전화요령, 보고요령 등의 기능은 결국 상대를 위한 배려이다. 이러한 배려의 습관이 돌고 돌아 나에게 부메랑처럼 돌아오는 것이 바로 매너이다. 영업하는 사람이라면 누구나 알고 있는 상황에 맞는 옷차림(TPO, Time Place Occasion)이 있다. TPO를 고려하여 의상을 선택하라는 시간과 장소 및 상황에 따라 복장을 하여야 한다는 매너를 가리킨다.

직장 매너의 기본은 인사와 근태이다. 인사는 앞에서 말한 것처럼 '내가 먼저'하는 것이 인사다. 인사만 잘해도 인정받는다는 말이 괜히 나온 말이 아니다. 근무 태도인 근태는 상사에 대한 배려이자 나의 마음에 대한 표현이기도 하다. 우리의 상사는 늘 보고받기를 원한다.

크고 작든 뭐든 소소한 모든 것을 보고 받기를 원하고 있다. 이런 상사의 속마음을 제대로 알고 대응해야 한다. 보고 시기와 형식은 상관없다. 일단 자신의 스타일로 보고를 올리는 게 우선이다. 정확한 시기와 올바른 방법은 다음 순서이다. 상사가 자신의 보고를 확인하고, 피드백을 줄 것이기 때문이다.

그 피드백이 매우 중요하다. 상사가 원하는 방향성이 들어 있기 때문이다. 만약 이해가 가지 않는 부분이 있다면 두 번, 세 번 물어보아야 한다. 이 부분이 핵심이다. 그렇게 하나씩 상사와의 차이를 줄여나가는 과정을 통해서 상사는 당신의 지식(Knowledge), 기술(Skill)뿐 아니라 가장 중요한 태도(Attitude)를 확인하게 될 것이다.

스스로 생각하기에 지식, 기술이 아무리 뛰어나다 할지라도 비즈니스 현장에서 업무는 혼자서는 절대로 할 수 없다. 축구선수가 아무리 기량이 뛰어나더라도 운동장에서 규정이 존재하듯 11명의 선수가 서로 협력하여 결과를 만들어내는 것과 일맥상통하다. 감독이 원하는 전술 및 전략에 따라 자신의 지식과 기술을 펼쳐야만 한다.

만약 선수가 감독의 방향이나 방법이 싫다면 둘 중 하나를 선택하면 된다. 다른 팀으로 이직을 하던지 감독에게 잘 맞춰 계속 뛰던지.

결국, 선택은 스스로 하는 것이다. 그 선택에 따른 책임도 스스로 지면된다. 언제나 승리하는 팀과 선수는 매너가 좋은 사람들이다. 매너가 팀의 승리를 혹은 좋은 성과를 만들기 때문이다.

매너가 좋은 사람은 상사와의 약속을 혹은 고객과의 약속을 기가 막히게 잘 지키는 사람이다. 상사가 업무지시를 했다고 가정하자. Due Date라고 몇 월, 며칠, 몇 시까지 보고해달라고 말해준다면 좋겠지만 따로 기한 명시가 되어 있지 않다면 상사에게 꼭 물어봐야 한다.

"언제까지 보고 드리면 좋을까요?"

묻는 것 자체만으로 당신의 상사는 당신에 대해 두 가지를 평가할 것이다. 주도적이고, 적극적인 당신에 대해 놀라게 될 것이다. 보고한 내용에 대하여 충분한 준비가 되어 있다면 더할 나위 없다. 약속은 당신의 매너와 직결되는 중요한 요소이다. 일을 조금 더 잘하고 조금 더 못할 수 있다. 다소 주관적인 판단이다. 하지만 약속은 객관적이다. 서로 협의 후 정해진 날짜와 시간을 맞추면 약속을 잘 지키는 사람이고, 사전에 어떠한 말없이 기한을 맞추지 못한다면 약속을 잘 어기는 사람으로 보일 것이다.

나는 매주 가족들과 캠핑을 떠난다. 캠핑장에 가면 다양한 놀 거리가 있어서 세 아들이 뛰어놀기 안성맞춤이다. 게다가 또래 아이들과 만날 수 있어서 친구 사귀기도 너무 좋다. 캠핑장에서 주로 나는 아이들과 축구를 한다. 우리 아이들과 놀러 온 친구들 포함하면 대략 10명이 넘는다.

나는 심판을 보며 아이들과 함께 뛴다. 축구를 정말 잘하는 한 친구가 있다. 경기가 시작되면 혼자서 5골 이상을 기록하는 골잡이다. 함께 뛰는 친구들에게 인기가 많을 것 같은데 실상은 그렇지 못하다. 왜 그럴까? 이유가 궁금했었는데 3주간 쭉 지켜보니 그 이유를 알 수 있었다.

그 친구는 혼자 너무 잘났다. 다른 동생들, 친구들, 형들과 함께 패스도 하며 함께 만들어가야 하는 부분이 거의 없다. 이쪽 골대부터 상대편 골대까지 혼자서 단독 드리블과 혼자 모든 부분을 다 하려고 한다. 그러면서 같은 편이 공을 받으려고 하면 밀치거나 소리를 지르기도 하고, 화를 내기도 한다.

이런 모습을 보면서 나는 속으로 생각했다. '축구 실력이 아무리 좋으면 뭐하나? 예의가 없는데' 우리 아이들도 그 친구와는 같이 경기를 하고 싶어 하지 않는다. 다른 친구들도 마찬가지다. 이처럼 매너는 어린아이부터 어른까지 누구나 잘 지키고 배워야만 한다. 상대를 위해서이기도 하지만 자신을 위해서 말이다.

축구 경기는 혼자서 잘났다고 할 수 있는 스포츠가 아니다. 11명의 선수가 화합을 맞춰 하나씩 만들어가는 운동이다. 사회생활도 마찬가지이며 직장생활도 마찬가지다. 매너를 갖추기 위해서 사람을 이해하고, 알아야 한다. 지식, 기술, 실력보다도 더 중요한 기본 매너를 갖추는 일이 우선시 되어야 한다.

모든 일이 마찬가지일 것이다. 혼자서 되는 건 없다. 나와 너 그리고 우리 모두 함께 서로 조화를 이루며 맞춰나갈 때 승리를 경험하게 된다. 축구에서 져도 된다. 질 수도 있다. 이기고 지는 그것보다 더 중요한 것은 매너를 지키는 일이다. 인생도 마찬가지이다. 잠깐 실수하고, 넘어질 수 있다.

결국, 매너는 승리하는 사람이 반드시 지키고 가진 필수 요소이며, 승리하는 사람이 매너가 좋다.

운도 따라야 승리하는 법

나는 산업 현장에서 17년 이상 영업을 하고 있다. 처음 10년은 인턴과 사원 그리고 대리를 거치면서 실수도 하고, 많이 부딪히며 실무를 배웠다. 이후 7년은 과장과 차장 그리고 팀장으로서 일을 계획하고 성과를 만드는 데 집중했다. 그리고 앞으로 5년은 임원이 되어 직원을 이끌고 회사와 조직에 이바지하기 위해 노력할 계획이다.

이러한 시간 속에서 다양한 사람들과 소통하며 갈등도 있었고, 이해와 공감을 하기 위해 많은 경험을 하며 성장하고 있다. 선배들에게 시기와 질투도 받았고, 후배와 다투기도 하며 선배, 동료들과도 잘 지내기 위한 노력을 끊임없이 해왔다. 이러한 과정을 겪으며 나는 크게 배운 세 가지가 있다.

첫째, 상대를 더 잘 이해하고, 공감하기 위해 배워야 한다. 사람은 저마다 강점과 약점을 가지고 있다. 매너가 좋은 사람들은 상대의 약점보다는 강점을 더 세워주기 위한 노력을 많이 한다는 특징을 알게 되었다. 나보다 상대를 더 낫게 여기고, 상대의 강점을 흡수하여 배우려고 애쓴다는 사실을 알게 되었다.

사실 같은 공동체에 있다는 것은 그 안에서 서로 존중하며 배우기 위해 환경이 만들어진 것이라는 깨달음이 있어야 한다. 비슷한 사람들끼리 만나서 서로 잘났다고 싸우는 것만큼 비효율적이며 시간과 에너지를 낭비하는 그것만큼 미련한 일도 없기 때문이다. 우리는 서로를 통해 부족한 부분은 채워주고, 넘치는 부분은 나누며 살아야 한다. 이 과정에서 좋은 운이 따라온다는 사실을 알며 누구도 함부로 대할 사람은 없다.

둘째, 소통과 커뮤니케이션을 배워야 한다. 모든 비즈니스는 사람에게서 시작하고, 끝난다는 것 그리고 또 다른 시작이라는 사실을 알아야 한다. 나에 대한 이해, 상대에 관한 공부를 통해서 소통하는 방법과 의사소통 능력을 습득해야 더 생산적이고 효과적인 대화를 이어나갈 수 있기 때문이다.

배움의 목적에 대해 이해했다면 방법에 대해 고민해야 한다. 사람을 통해서 배우거나, 책을 통해서 배우거나 요즘은 유튜브에 다양한 주제로 영상이 많이 올라와져 있다. 자신에게 알맞은 방법을 통해 배움에 대한 노력을 게을리 해서는 안 된다.

셋째, 배움만이 살길이며 평생교육을 통한 지속적인 성장을 해야 한다. 좋은 운도 나를 낮추고, 상대를 더 낫게 여기는 매너 좋은 사람에게 따른다는 사실을 명심해야 한다. 늘 겸손한 태도로 세상을 향해 한 걸음 두 걸음 나가야 하는 이유다. 매너가 좋고, 상대와 함께하려는 사람들이 운도 따른다는 것을 알아야 한다.

좋은 운을 가지려고 우리는 사전에 준비해야만 한다. 가장 먼저 신경 써야 할 부분은 바로 이미지이다. 자! 지금 당장 집 안에 있는 거울 속에 비친 자신을 보기 바란다. 무엇이 보이는가? 헤어스타일은 어떤가? 복장은 어떤가? 상대에게 보일 현재 자신의 외모는 어떤 상태인가?

사람은 눈에 보이는 거에 약한 존재이다. 그 때문에 외적인 이미지, 즉 외모에 대해 신경을 써야만 한다. 나의 얼굴형과 어울리는 헤어스타일은 어떤 것인지에 대해 고민해야 하고, 피부와 멋진 몸매를 유지하기 위한 노력을 기울여야 한다. 값비싼 명품 옷은 아니더라도 상황 및 장소에 적절한 옷으로 나를 가꿔야만 한다.

두 번째로 신경 써야 할 부분은 내적인 이미지, 즉 내면에 대해 신경을 써야만 한다. 결국, 좋은 겉모습을 갖기 위해서는 좋은 속 모습을 갖고 있어야 가능한 일이다. 좋은 속 모습인 내면의 단단함과 강인함은 어떻게 만드는 것일까? 일단 자신에 대한 확신이 있어야 한다. 확신하기 위해서는 자존심은 내려놓고, 자존감을 올려야 하는데 작은 성취들의 경험을 반복하는 게 자존감을 올리는 방법이다. 작은 성취들의 경험을 반복하는 의미는 무엇일까?

현재 위치와 상황에서 자신이 제어 가능한 영역에서 무언가를 끊임없이 해나가는 것을 말한다. 예를 들면 일하고 있는 분야와 관련된 공부를 더 하는 것, 평소에 관심 있었던 자격 및 프로그램 과정을 수강하는 것, 현재 분야 및 앞으로 하고 싶은 일과 관련 있는 사람을 만나 소통하는 것 등을 말한다.

가만히 서서 감이 떨어지기만을 기다리는 사람에게 운은 절대 오지 않는 법이다. 끊임없이 앞으로 나가며 나아갈 때 필요한 사람이 붙고, 적절한 상황이나 환경이 만들어지는 것이 세상의 이치이다. 이처럼 운은 스스로 만드는 것이며 지속해서 연결고리를 만들어 엮어나갈 때 들어오는 것이 바로 운이다. 이러한 운은 매너 있는 사람에게 오는 법이다.

'저 사람은 정말 예의가 없는데 운이 따르는 것 같아.'

'진짜 재수 없어. 근데 왜 이렇게 잘 나가?'

이런 사람 주변에 있을 것이다. 잘 나가는 것처럼 보이지만 그렇지 않은 경우가 대부분이며, 대다수 이런 부류의 사람들은 끝이 좋지 않다. 주변에서 주식이나 코인으로 돈 번 사람들이 잘 나가는 것처럼 보이나 그들의 끝이 좋지 않은 경우를 너무 많이 봐 왔다. 그래서 나는 지금도 주식이나 코인은 하지 않는다.

특히 반짝 왔다가 지는 별처럼 잠깐 붐이 일어나는 현상이 나타나면 오히려 나는 더 관심을 두지 않는 편이다. 그냥 묵묵히 지금 하는 일에 최선을 다할 뿐이다. 그것이 오래도록 지속하는 비법이며 나만의 인생철학이다. 남들 다 하는 거 하지 않는다. 정도가 방법이며 올바른 길이라는 걸 잘 알기에 쉽게 흔들리지 않는 편이다.

이처럼 운은 스스로 만들어나가는 것이며 자신만의 확고한 기준으로 꾸준히 하는 것이 좋다. 줄은 잘 서는 것이 아니라 내가 좋은 줄을 만들기 위해 노력하는 것이다. 늘 감사와 겸손한 마음으로 말이다. 운은 이때 자연스럽게 따라오는 경우가 더 많다. 경험상 너무 잘 알고 있다.

그래서 혼자는 절대 다 할 수 없는 것이 인생이며 영업이다. 결국, 같이 만들어야 한다. 그러므로 좋은 매너가 습관이 되도록 늘 훈련하는 삶을 살아야 한다. 하루아침에 이뤄질 수 없다. 몸과 마음에 여유가 있는 사람이 매너가 좋으며 사회적, 경제적으로 높은 위치에 갈수록 더 매너에 신경을 써야 한다.

남들의 시선을 신경 쓰며 눈치를 보라는 것이 아니라 자신감을 가지고, 더 당당한 모습으로 나를 가꾸는 좋은 매너 습관을 지녀야 한다는 의미이다. 운은 좋은 매너를 가진 사람에게 붙는다. 늘 자신과 주변 타인을 배려하기 때문이다. 혼자가 아닌 함께 가기 위해 노력하는 사람이기에 좋은 평판을 가져가는 것은 덤이다.

이처럼 운도 따라야 승리하는 법이다. 좋은 운을 갖기 위해 현재 나는 누구를 만나고 있는가? 무슨 생각을 하는가? '어떻게 하면 좋은 운을 가질까?'를 고민하기 전에 나의 내면과 외면의 이미지를 잘 가꿔 좋은 매너가 몸에 배도록 노력해야 한다. 좋은 운과 매너는 한 몸이기 때문이다.

영업을 시작하면서 최우수 영업사원에 선정되고, 전국 영업 1등을 할 수 있었던 비법 중 하나는 내가 잘나서가 아니라 팀장이, 팀원이 그리고 고객이 나를 좋은 시선으로 봐주었기 때문이다. 좋은 매너 습관을 갖기 위해 관심을 두고, 신경을 쓴다면 따라오는 운을 막을 순 없다.

다시 한 번 강조하지만, 운도 따라야 승리할 수 있다.

함께 할 수 있는 것도 능력이다

일하는 능력이 조금 부족해도 상사가 혹은 후배가 나를 좋아하게 만드는 영업사원의 태도가 있다. 직무수행능력 즉, KSA 지식(Knowledge), 기술(Skill), 태도(Attitude) 중 실제 현업에서 근무하고 있는 임원들은 어떤 카테고리를 가장 중점적으로 볼까? 바로 직원의 태도이다.

태도만큼 중요한 건 없다고 본다. 적어도 비즈니스 현장에서 말이다. 이미 회사에서 함께 일하고 있는 동료라고 하면 어쨌든 서류 통과, 면접 통과 (1, 2, 3차), 임원면접 통과, 영어면접 통과를 했기에 기본적으로 업무에 필요한 지식이나 기술은 검증받았다고 보면 된다.

물론 그 속에서 프레젠테이션 능력이 탁월한 직원, 엑셀 능력이 탁월한 직원, 영업 커뮤니케이션 능력이 탁월한 직원 등 나눠질 수 있지만 결국 배우려는 자세, 소통 즉 함께하려는 진정성 있는 태도가 있다면 충분하다.

태도 중 가장 기본이면서 중요한 행위가 있다. 바로 인사다. 인사는 기본 중의 기본이다. 또렷한 목소리와 밝은 표정 그리고 목소리 톤, 눈빛에서 이미 당신의 현재 상태를 확인할 수 있다. 말로는 웃긴다고 하면서 표정이 다른 경우 그것보다 어색하고 진정성 없는 행동은 없다. 솔직한 게 전부는 아니지만 억지로 말과 표정을 꾸미는 것은 적어도 하지 말아야 할 태도 중 하나이다.

현재 나는 외국계 IT 회사에서 영업부 팀장으로 근무하고 있다. 얼마 전 직원들과 함께 협력사 임원과 갓 입사한 경력직원(차장급)과 함께 올해 타깃 설정과 실행계획에 대한 미팅을 주관한 적이 있다. 이제 막 입사해서 전반적인 업무 파악이나 미팅 내용에 대해 잘 인지하지 못하는 게 당연할 것이다.

하지만 나는 그 직원의 한 가지 태도에 믿음이 생기기 시작했다. 그건 바로 회의가 시작되면서 필기구와 노트북을 열고, 회의 내용에 대해 기록하고, 궁금한 내용을 중간 중간 확인하는 것이다. 그리고 우리가 회의를 어떻게 진행하고 어떠한 내용으로 주고받는지 배우려는 자세가 보였다.

우리의 말에 집중하고, 경청하는 태도를 보면서 '기본이 된 영업 사원이구나.'하는 생각이 들었다. 짧은 경험을 바탕으로 전부를 아는 척 자신의 고집을 내세우는 것보다는 지속해서 배운다는 마음가짐으로 공감하며 경청하면서 자신의 의견을 내세우는 편이 훨씬 더 전문가다워 보인다는 사실을 잊지 말아야 한다.

함께 할 수 있는 것도 능력이다. 그렇게 잘났으면 혼자 자기 사업하면 될 것이다. 그게 아니라면 혹은 그런 장기적인 목표를 가지고 있다면 현재 우리가 집중해야 할 일은 현 위치에서 상황을 고려하며 함께 일하는 동료들과 같이 성장한다는 태도로 모든 일을 대한다면 자연스럽게 우리가 원하는 위치에 도달할 것이다.

두 번째로 반드시 지켜야 할 태도는 '보고'이다. 우리의 상사는 언제나 보고받기를 원하고, 바라고, 기다리고 있다는 사실을 명심해야 한다. 프로젝트를 맡았다고 가정하자. 시작부터 중간보고, 결과보고까지 수시로 보고를 해야 한다. 어떤 보고서의 형태를 활용할지부터 고민해야만 한다.

메시지가 편한지, 메일이 편한지 어떠한 형태의 보고를 상사가 원하는지도 사전에 파악해야 한다. 최대한 상사가 관련 내용을 확인하기 편한 방법으로 맞춰야 한다. 상사를 위한 배려라고 생각하자. 보고를 잘하기 위해 혹은 제대로 하기 위해 충분한 시간을 갖고 준비하려는 태도는 착각이다. 절대 좋은 태도가 아니다. 커뮤니케이션 및 보고를 위한 소통은 최대한 빨리하는 것이 가장 좋다. 위에서 말한 것처럼 우리의 상사는 언제나 당신의 보고를 기다리고 있는 사람이다.

프로젝트를 진행하는데 발생하는 문제가 있을 것이다. 당연한 일이다. 후속 조치를 하기 위해 결정을 해야 하는 사안이 있는데 바로 보고하지 않고 있다가 보고할 시기를 놓쳐 일을 그르치는 경우를 많이 봤다. 애초 계획했던 시간보다 더 길어질 것이란 판단이 든다면 '시간이 더 걸릴 것 같습니다.' 혹은 '일주일 정도 더 소요될 것 같습니다.'라고 빠르게 보고해 프로젝트를 마무리해야 한다.

만약 상사가 중요한 미팅이나 회의로 연락이 되지 않는다면 메시지나 메일로 관련 내용에 대해 남겨놔야 한다. 상사가 편한 시간에 확인하여 의사결정을 요청해야 한다. 그렇다면 보고하는 방법에 대해 설명하겠다. 지금부터의 내용은 정말 중요한 부분이니 잘 살펴보고 행동하길 바란다.

약 17년간 직장생활을 하며 다양한 형태의 상사를 경험하고 있다. 상사 즉 나의 리더가 매우 좋아하는 보고 형태의 공통점을 발견할 수 있었다. 세 가지다. 첫째, 숫자 및 데이터를 활용하여 보고하기 둘째, 최대한 간결하게 보고하기 셋째, 대안을 함께 제시하기이다. 첫째로 보고는 숫자나 데이터를 활용해서 내용을 전달해야 명확하고 정확하다. 오해가 없다. 수치를 밝히지 않고 '상당히', '매우', '많이' 등과 같은 수식어를 사용하지 않는 것이 좋다.

예를 들어 "중부권 지역의 매출이 꽤 많이 올랐습니다.", "매우 많은 곳에 납품을 시작했습니다."라고 하는 건 프로의식이 모자란 아마추어 보고 형태이다. "현재 기준으로 월 5천만 원의 매출이 추가로 발생하였습니다.", "3곳에서 총 7곳으로 납품처가 늘어났습니다." 같이 확실한 숫자와 데이터를 기반을 두어 보고해야 한다.

둘째는 우리의 상사들은 시간의 소중함을 누구보다 잘 아는 분들이다. 허투루 시간을 보내려 하지 않으며 소비되는 시간을 싫어한다. 그 때문에 보고하고자 하는 내용을 최대한 간결하게 두괄식으로 표현해야 한다. "팀장님, 얼마 전에 강남의 한 소매 매장에 갔는데요. 대표님이 안 계셔서 직원과 얘기했어요. 우리 제품에 관해 관심은 있는 것 같은데요. 제품 확장이나 브랜딩에 관해서도 관심이 있어 보여요. 매장의 규모는 큰 편이고요." 이렇게 아무 목적 없이 단순 있었던 현상에 대해 중언부언하면 듣는 상사는 정말 답답하다.

"강남의 약 40평 규모의 매장 직원과 미팅 마쳤습니다. 입점에 대한 의지가 확인되어 다음 주 수요일 오후 2시에 대표님과 2차 미팅하기로 했습니다." 하는 식으로 결론을 먼저 정확하게 말하면, 상사가 궁금해 하는 내용의 질문에 답변하면 더 똑똑해 보일 것이다. 상사의 시간도 소중히 생각하는 감각 있는 당신의 모습에 상사는 반하게 될 것이 분명하다.

셋째로 어떤 일이든 보고할 때는 사실과 함께 보고자의 의견을 넣어야 한다. 고객이 우리의 제품을 새롭게 입점하고 싶어 하는 상황이라면 먼저 미팅 내용을 수치화하여 간결하게 보고하고, 어떻게 진행할지에 대해서 명확하게 밝혀야 한다. 기획안 및 제언을 보고할 때도 다양한 안을 제시하여 각 안에 대한 장·단점을 분석한 후 결론적으로 자신이 원하는 안에 대한 의견을 제시하는 식으로 보고자의 의견을 함께 밝히는 편이 좋다.

함께할 수 있는 환경일수록 좋은 면도 있지만 그만큼 더 신경 써야 할 부분이 많다는 것을 알고, 더 철저히 준비해야만 한다. 나와 당신 그리고 우리를 위해서 말이다. 이도 저도 싫다면 혼자 창업하거나 자기 사업을 하면 될 것이다. 아직 준비되지 않았다면 상대를 위한 배려, 공감, 경청을 통해서 훗날 나만의 멋진 시간을 펼치기 위한 배움의 현장으로 현재를 살아내는 것도 당신의 능력이다.

좋은 매너 없이 승리는 없다

나는 영업부 팀장이다. 나의 직속 상사는 임원이다. 보통 임원은 나와 함께 실무를 보고 있는 직원들에게 개인적이든, 업무적이든 연락을 잘 하지 않는 것이 통상적이다. 하지만 그렇지 않은 임원들도 많다는 것을 바로 알아야 한다. 업무지시나 방향에 대해서 가끔이지만 나를 통하지 않고, 직원들에게 직접 연락을 취하는 경우가 있다.

처음에는 다소 불편하기도 하고, 이해가 가지 않았지만, 비즈니스 현장도 시간이 갈수록 변화되고 있다는 것을 실감한다. 아직 군대 조직 문화가 남아 있는 수직적 기업에서는 전혀 이해할 수 없겠지만 대부분의 수평적 문화를 추구하는 기업에서는 통상 있는 일이다. 외국

계기업인 우리 회사도 마찬가지이다.

이럴 때 부하직원으로 매너 있는 행동에 관해 설명하겠다. 정말 중요한 부분이니 잘 확인해서 실수하는 일이 없도록 하자. 나에게 지시받은 대로 업무를 진행하고 있는데 임원이 다른 방향으로 지시를 하는 경우가 있다. 실제 현장에서 일어나는 일이다. 이때 매너가 있는 부하직원과 그렇지 못한 직원의 대화를 살펴보자.

매너가 없는 하수의 영업직원: "팀장이 이렇게 하라고 했습니다."

매너가 있는 고수의 영업직원: (일단 임원의 이야기를 끝까지 경청한 이후) "말씀 주셔서 감사합니다. 확인하겠습니다."

이렇게 말한 이후가 매우 중요하다. 팀장에게 임원의 지시 방향을 보고하는 것이 지혜롭고, 현명한 직원이 되는 길이다. 같은 이슈를 통해서 다른 방향으로 접근할 수 있다. 다름을 인정하고, 다양성을 수용한 이후에 당신의 의견을 명확하게 팀장에게 전달하면서 서로의 의견 차이를 줄이는 그것이 답이다.

결국, 매너가 있다는 것은 지혜롭다는 말과 일맥상통한다. 일 아무리 잘하면 뭐하나? 정말 중요한 건 아주 사소한 차이에서 온다는 것을 기억해야만 한다. 최근에 협력사 실무자와 통화를 하면서 경험한 일이다. 그날 오전에 영업 목표 설정과 실행계획에 대해 1시간 정도 미팅을 진행했다.

이후 다른 협력사 직원과도 비즈니스 업무 관련 통화를 30분 정도 통화를 했다. 전반적인 영업업무를 담당하다 보니 하루에 수십 통씩 전화하는 경우가 적지 않다. 오후에 협력사 실무자가 전화를 해서 다짜고짜 업무 진행 상황을 알려주는 것이다. 물론 고맙다. 오전에 통화한 후 바로 피드백을 해주니 얼마나 고마운 일인가.

하지만 나는 하루에도 수많은 미팅과 전화로 여러 가지 일을 한 번에 처리해야 하는 경우가 많다. 자신이 누구인지도 밝히지 않고, 용건을 말하기보다는 자신의 신분을 명확히 밝힌 후에 즉 상대방이 들을 준비가 된 이후에 용건에 대해 말을 하면 훨씬 더 신뢰가 가고, 매너가 있는 행동이 된다.

가장 기본이 되는 인사나 직함 소개 없이 용건만 전달하는 건 하수의 영업사원들이 일하는 방식이다. 매너가 넘치는 고수의 영업사원들은 대면하지 않는 전화, 이메일, 메시지 등으로 소통할 때 더욱 매너 있는 행동을 갖춰야 한다. 예를 들어 휴대전화에 저장되어 있지 않은 번호로 전화가 걸려 왔다고 가정하자.

매너가 없는 하수의 영업직원: “여보세요?”

매너가 있는 고수의 영업직원: “안녕하세요. 권태호입니다.” 혹은 “안녕하세요. 00회사 권태호입니다.”

자신의 이름 뒤에 직급까지 더한다면 더 좋다.

지금 이 대목에서 별 차이를 느끼지 못한다면, 당신은 하수의 영업직원일 확률이 높다. 정말 종이 한 장 차이에서 하수와 고수는 구별된다는 사실을 잊지 말자. 적어도 영업하는 사람이라면 매너는 가장 기본이면서 중요한 부분이다. 우리가 얼굴을 보지 않고 소통할 때는 더욱 신경을 써야 한다.

매너 관련 강의를 하다 보면 종종 다음과 같은 질문을 받곤 한다.

"강사님, 상사와 같이 시간을 보내고 있는데 친구한테 걸려온 전화를 받아도 되나요?"

여러분의 경우는 어떠한가? 받을 것인가? 말 것인가? 그것이 문제가 아니라 여기서 중요한 부분은 상사 앞에서 전화를 받는 당신의 태도에 달렸다. 물론 받아도 된다. 다만, 얘기가 길어지면 다음과 같이 말하는 것이 좋다.

"지금 OO 이사님과 함께 있어서 미팅 마치고 전화를 할게."

혹은

"지금 OO 이사님과 미팅 중이라 급한 내용이면 메시지로 부탁할게." 하고 전화를 바로 끊는 것이 더 매너 있는 태도이다. 상사는 당신에게 괜찮다며 편하게 통화하라고 얘기를 하겠지만 그렇다고 하더라도 최대한 간단히 통화해야 한다. 좋은 매너를 갖고 싶다면 지금 함께 시간을 보내고 있는 상사에 더 집중하는 모습을 보여야 한다.

나는 상사에게 업무 관련 내용을 전화로 보고할 때는 항상 사전에 보고할 내용의 핵심 문장을 정리하여 메모해 둔다. 우리의 상사는 늘 바쁘다. 특히 상사의 시간은 소중하기에 우리가 더 신경을 쓰고, 챙겨야 한다. 특히 상사에게 요청할 사안이거나 중요한 보고의 내용을 전달할 경우 일목요연하게 말하면 된다.

반대로 상사가 나에게 요청하는 경우 간단한 내용이라는 판단이 들면 바로 대답하면 되지만, 즉시 답변하기 어려운 애매한 경우에는 "말씀하신 내용은 확인하고 OO까지 말씀드려도 될까요?"하고 상사에게 양해를 구하는 것이 지혜로운 방법이다. 확실하지 않은 모호한 내용을 '그런 것 같아요.' 혹은 '이런 것 같은데요.'라고 모호하게 말하거나 하는 모습을 보인다면 당신의 상사는 당신을 신뢰할 수 없을 것이다.

명확하게 대답하는 태도(습관)는 매너의 기본이다. 회사에서는 주로 사용하는 단어나 대화법이 있다. 우리의 상사를 자세히 관찰해 보자. 그가 좋아하는 어법, 단어, 문장들이 있다는 사실을 우리는 쉽게 알아차릴 수 있다. 그런 방향들이 나와 잘 맞는다면 별문제 없지만, 그렇지 않다면 최대한 빨리 그의 패턴에 맞출 필요는 있다.

만약 당신의 상사가 데이터 관리에 집중하고 있는 사람이라면 엑셀을 능숙하게 다룰 필요가 있고, 이성보다는 감정에 집중하는 사람이라면 프레젠테이션을 활용하는 게 더 효과적일 것이다. 당신의 상사는 어떠한가?

특히 날짜, 시간, 장소가 포함된 중요한 내용을 보고할 때는 전화보다는 메시지 혹은 메일로 꼭 남기는 편이 좋다. 서로의 실수로 인해 오해할 소지를 만들지 않는 것이 매너 있는 영업 고수의 의사소통 방법이다. 여기에 하나를 더하자. 메일을 작성하기 전에 사전에 전화로 중요한 내용에 대해 전체적으로 전달하며 상사의 의견을 구하는 것이 좋다.

사전에 협의 후에 메일로 다시 한 번 전달하게 된다면 매너도 있고, 일도 잘하는 사람으로 당신을 기억하게 될 것이다. 결국, 모든 것은 나로부터 시작된다. 당신의 회사에서 인생에서 승리하고 싶다면 반드시 기억하자. 좋은 매너 없이 승리는 없다는 것을.

Chapter 2.

고객을 손에 넣기 위한 매너

고객 감동의 비결은 평범함에서 벗어나는 것

최근 이력서를 업데이트하면서 '회사를 그만둬야 하나?', '이직해야 하나?' 정말 많은 고민을 했다. 새로 온 상사와의 갈등이 컸다. 내가 원하는 방향과 상사가 원하는 방향이 서로 달라 마찰이 생겼기 때문이다. 이럴 때 어떻게 대처하는 것이 현명한 방법일까?

1번) 나의 방향을 상사에게 설득시킨다.

2번) 무조건 상사의 방향에 맞춘다.

당신의 선택은?

몇 번이고, 이력서를 고쳐 쓰면서 사표를 던질까? 말까? 수없이 고민했다. 1번의 방법도 해봤고, 2번의 방법도 해봤다. 결국, 중요한 본질은 1번도 2번의 방법도 아니었다. 방법이 중요한 게 아니라 상사의 마음을 이해하는 것이 먼저다. 이렇게 말하면 누군가는 그러면 '2번이잖아!'라고 말할 수 있다.

자! 가만히 생각해 보자. 상사는 이 조직에 새로 오게 되었다. 회사는 조직이다. 분명한 목적과 목표가 있다. 상사를 이곳에 오게 한 상사 상사의 마음을 먼저 파악하는 것이 우선이다. 적어도 내가 이 회사에 계속 다니려면 말이다. 다음은 상사가 말하고 행동하는 방향을 겸허히 수용하며 적용을 해 보는 것이 두 번째다.

일단 해 보자. 내가 선택한 방법은 3번이다. 위에 언급하지 않았지만 3번은 '현재 내 그릇이 커가는 과정이다.'라고 생각했다. 가까운 미래에 더 큰 일을 감당하기 위한 '성장하고 있는 과정이며, 배움이다.'라고 생각하니 그 순간부터 머리가 가벼워지고, 몸에 힘이 빠지기 시작하는 것을 느낄 수 있었다.

분명 당신의 선택이다. 그 선택에 대한 책임을 스스로 지면 그만이다. 너무 복잡하고, 어렵게 생각할 필요 없다. 현재 조직에서 내가 월급을 받는 목적과 목표에 대해 명확하게 기준을 잡고, 마음을 다시 정리해 보니 결국 모든 문제는 나에게 있었다. 어느 노래의 가사처럼 모든 일은 나로부터 시작된다.

이제 내가 나아가야 할 방향과 길은 정해졌다. 다음은 행동으로 옮겨 하나씩 만들어가는 과정의 합을 통해 원하는 멋진 결과를 창출하는 것이다. 지금까지 잘 해왔던 것처럼 말이다. 다시 초심으로 돌아가 현 위치와 상황에 맞게 할 수 있는 최선을 다하는 것만이 내가 선택하고, 집중하는 것이다.

우리 회사도 그렇지만 대부분 조직에서 효율적인 업무를 위해 그룹 메신저를 활용하여 팀의 의견이나 일정에 대해 공유하고 있다. 메신저 때문에 일과 삶의 균형이 무너지면 안 될 일이지만, 메신저 덕분에 업무 시간을 줄이고, 소통의 복잡한 부분을 간소화할 수 있다면 필요하다고 판단한다.

상사가 메신저를 활용하여 전체 업무에 대한 방향성이나 지시를 한다면 부하직원들은 어떻게 해야 하는지 많은 질문을 받곤 한다. 메신저는 즉각적인 소통을 위해 사용하는 효과적인 도구임이 틀림없다.

하지만 귀찮고, 바쁘다는 핑계를 대며 읽고도 답장하지 않거나 빠르게 오가는 단체 채팅방의 대화를 확인한 후 곧바로 다른 일을 할 수 있다. 하지만 메시지를 확인하고 답장을 하지 않으면 상사는 무시당하는 기분이 들 수 있고, 답장을 기다리느라 중요 업무에 집중하지 못할 수도 있다.

만약 당장 대답하기 어려운 상황이라면 조금 뒤 연락하겠다고 짧게라도 남겨주는 것이 일 잘하는 영업사원의 좋은 매너이다. 나 같은 경우는 반드시 다음과 같이 대답한다.

상사 : 연휴 전 업무 공지 드립니다. 위클리는 되는대로 보내주시고, 주요 프로모션 점검과 진행에 대한 업데이트 해주세요. 연휴가 긴만큼 잘 쉬시기 바랍니다.

이런 상사의 메시지를 확인한 순간이다. 당신은 어떻게 대답할 것인가?

"네, 확인합니다. 감사합니다."
"내용 확인했습니다. 연휴 잘 보내시길 바랍니다."

이런 식으로 짧게라도 꼭 답변하는 습관(태도)을 갖길 바란다. 물론 별거 아닐 수 있다. 하지만 이런 작은 습관과 태도가 모여 그 사람의 인성과 매너를 만든다는 사실을 기억해야 한다. 만약 지금 당장 메시지를 보낼 수 없는 상황이라면 예를 들어, 운전하는 상황이나 업체에서 대표와 미팅 중이라면 다음과 같이 보내면 된다.

(다른 장소로 이동하여 안전하게 도착 후)
(업체 대표와 미팅을 마치고 나온 후)

"이사님, 운전 중이라 이제 내용 확인합니다. 감사합니다."

"이사님, 대표와 미팅 마치고 이제 내용 확인합니다. 연휴 잘 보내시길 바랍니다."

매너 있는 사람은 여럿이 모여 있는 공동체에서 더 빛을 발한다. 특히나 회사는 여럿이 모여 하나의 목표를 달성하고자 하는 공동체이기 때문에 사소한 일상이나 특별한 모든 순간에 그런 사람을 더 필요로 한다. 함께 일하는 동료들에게 선한 영향력을 끼치기 때문이다. 매 순간 누군가가 나를 보고 있다고 생각하자.

그러면 한 번 더 생각하고, 말하고, 행동하게 될 것이다. 이 또한 답은 없다. 매 순간 선택의 순간이 오고, 좀 더 잘하고 싶은 욕심이 있는 사람이라면 주의 깊게 생각해 보기 바란다. 물론 직장에서 상사가 판단하는 부하의 인성과 매너 그리고 실력은 이런 사소한 부분부터 중요한 업무까지 전 과정에 걸쳐 결정되니 선택은 당신의 몫이다.

만약 이력서를 던지고 나왔다면 어땠을까? 아직은 배울 부분이 많이 있다. 순간의 화를 참지 못하고 중대한 결정을 한다는 것은 정말 어리석은 일이다. 누군가 그랬다. 회사에서 비가 온다면 잠시 피하는 게 상책이라고. 만약 비가 싫다고 밖으로 나온다면 벼락을 맞게 된다고 말이다.

우스갯소리처럼 들릴 수 있지만 한 번만 더 생각해보고 결정해도 늦지 않다. 이후 나는 새로운 상사와 호흡을 맞추기 위해 더 자주 연락하고, 고민하고, 상사를 더 이해하기 위해 노력하고 있다. 일하면서 떠오르는 번뜩이는 아이디어나 요즘 드는 고민을 허심탄회하게 털어놓고 조언을 얻을 기회로 상사와의 시간을 보내니 더없이 편안함을 느낀다. 상사의 마음을 얻어 고객 감동의 방향으로 연결될 수 있도록 해 보자. 상사에게는 매출로 보답하는 것이다.

조금은 특별해 보이는 방법과 선택을 평범해 보이도록 스스로 노력하는 것만이 우리의 현 위치와 상황에서 나를 더 돋보이게 하는 방법임을 잊지 말아야 한다.

이 세상에 더 새로울 것은 없다

성공의 기회는 매너가 좋은 사람에게 찾아온다. 고객은 매너가 좋은 영업사원에게 더 귀를 기울인다. 상사는 매너가 좋은 직원에게 더 마음이 가는 법이다. 주변에 매너가 좋은 사람이 누가 있는지 생각해 보자. 잠시 책을 덮고 생각해도 좋다. 바로 떠오르는 사람이 있는가? 주변에 없다면 우리가 잘 아는 유명인 중 매너가 좋은 사람은 누구라고 생각하는가?

기업인이나 연예인, 운동선수도 좋다. 자! 생각이 났다면 왜 당신은 그 사람이 매너가 좋다고 생각하는가? 그 이유를 세 가지만 적어 보자.

1.

2.

3.

그중 내가 적용해 볼 부분은 무엇이 있는지 잠시 생각해 보자. 생각해 보았는가? 그게 무엇인가? 바로 적어보자.

1.

2.

3.

이처럼 우리가 무언가를 얻고 싶다면, 배우고 싶다면 가장 쉬운 방법은 그걸 가지고 있는 사람에게 직접 연락해서, 찾아가는 것이다. 유명인의 경우 직접 만나기 어렵다면 그 사람이 가지고 있는 좋은 매너에 대한 부분을 내 삶에 어떻게 적용할 것인지 판단해보자. 이 부분이 정말 중요하다.

가장 중요한 부분은 지금 이 책을 보고 읽고 있는 독자 여러분들이 느끼는 포인트가 매우 중요하다. 우리가 한 권의 책을 읽다가 내 마음의 울림이 있는 내용의 문구가 있다고 가정하자. 울림을 느낄 수 있는 것도 고수다. 그런데 이 책을 선택해서 읽고 있는 당신은 초고수다.

초고수들이 하는 특징 중 하나는 우리 삶에 적용한다는 사실이다. 내가 누군가를 만났다고 가정하자. 누군가를 만났는데 상대의 좋은 매너에 대해 칭찬하고, 격려하는 일도 고수가 하는 일이다. 하지만 초고수들은 그 매너를 나에게 적용을 한다. 내 것으로 만들어 또 다른 누군가에게 전달하는 일을 한다.

적용해보기(Apply). 이 부분이 정말 중요한 사항이다. 적용해보는 구체적인 방법을 설명하겠다. 나는 〈배·느·실〉을 자주 활용한다. 배운 것, 느낀 것, 실천할 것이다. 지금 1분의 시간을 활용하여 지금까지 이 책을 읽으면서 배운 것, 느낀 것, 실천할 것을 잠시 작성해보는 시간을 가져보자.

배운 것 :

느낀 것 :

실천할 것 :

모두 적어보았는가?

독자 여러분들이 무엇을 배우고, 느끼고, 실천할 계획인지 무척이나 궁금하다. 아래 이메일로 여러분들의 〈배·느·실〉을 보내준다면 정말 고맙겠다.

cantaeho@naver.com

이처럼 이미 우리가 원하는 방향은 누군가 이뤘고, 가지고 있을 확률이 상당히 높다. 혼자 끙끙거리지 말고, 서로 협력해서 선을 이루는 더 쉬운 방법을 찾기 위해 두드리고, 고민하면 좋을 것 같다. 누군가의 말처럼 정말 이 세상에 더 새로울 것은 없다. 모방은 창조의 어머니라고 누군가 말했던가?

그렇다. 우리는 주변에서 '모방은 창조의 어머니'라는 말을 어렵지 않게 보거나 듣게 되는데, 여기서 모방이라는 것은 위에서 살펴본 것처럼 누군가의 창조물을 단순히 베끼는 것이 아니라 창조를 더 새롭게 만들어내는 긍정적인 기능을 하는 부분으로 생각할 수 있을 것이다.

좋은 매너를 몸에 배도록 하는 실질적이고 구체적인 방법도 마찬가지이다. 나와 맞지 않는 어색한 옷을 입은 것처럼 부자연스럽게 말하고, 행동하는 것이 아니라 현재 내 위치와 상황에서 나에게 가장 어울리는 말 그대로 자연스럽게 말하고, 행동하는 좋은 매너의 모습은 어떤 형태인지를 확인할 필요가 있다.

위에 적은 것처럼 주변에 매너가 좋은 사람들을 떠올려 그 사람들의 강점을 하나씩 나에게 적용해 보면서 구체화하는 작업이 필요하다. 잘은 몰라도 그 사람도 분명 누군가의 좋은 모습에 영감을 얻었을 확률이 매우 높다. 그렇다. 사람은 사람에게서 배운다. 이론도, 지식도 중요하지만 가장 중요한 본질인 사람에 대한 이해가 좋은 매너를 갖는 중요한 태도라는 사실을 우리는 인지해야 한다.

현재 이 책을 읽고 있는 독자 여러분들 또한 누군가의 좋은 롤모델, 매너가 있는 사람일 확률이 높다. 이미 가진 사람이 더 나아지기 위해 노력하는 법이다. 세상 이치가 모두 그런 것 같다. 이미 가지고 있지 않은 사람은 관심이 없다. 하지만 현재보다 더 나아지려고 노력하는 욕구를 가진 성공 및 성장 지향적인 사람들은 현재보다 더 나은 내일을 꿈꾼다. 나 또한 그렇다.

이번 장은 고객을 손에 넣기 위한 매너이다. 주변에 영업을 정말 잘하는 고수를 떠올려 보자. 누가 떠오르는가? 아래 그 사람의 이름을 적어보고, 선정하게 된 배경에 대해 간략히 적어보자.

내가 생각하는 영업 고수 :

선정하게 된 이유 :

그가 왜 영업 고수인가? 당신은 그가 왜 영업 고수라고 생각하는가? 영업을 잘해서? 회사에서 인정을 받아서? 잘 생각해보라. 당신이 선정한 그 영업 고수는 분명 좋은 매너를 가지고 있을 것이 분명하다. 몸에 밴 좋은 매너의 습관이 고객에게 그대로 전해졌기 때문에 고객은 그를 영업 고수로 만들어 줄 확률이 상당히 높다.

실제 연구에서도 이와 같은 데이터는 쉽게 확인할 수 있다. 정보가 넘치는 이 세상 더 새로울 것은 없다. 배우고 싶은 것, 얻고 싶은 것이 있다면 이미 가지고 있는 그 혹은 그녀에게 지금 당장 달려가자.

자존심을 누른다 자존감을 높인다

자존심(自尊心)과 자존감(自尊感)에 대해 많이 들어보았을 것이다. 사전적 의미로 자존심은 심리학으로 자기에 대해 일반화된 긍정적인 태도를 말한다. 남으로부터 자신을 보호하며, 자신의 품위를 유지하는 것이다. 이는 자만(自慢) 등과도 비슷한 의미로 사용되지만, 자존심은 사회심리학의 자기의 개념과 관련하여 고양 또는 유지하려고 하는 태도를 말한다.

반면 자존감은 자아 존중감을 줄여서 말하며 자신을 존중하고 가치 있는 존재라고 인식하는 마음을 말한다. 간단히 말해서 자기 자신을 긍정적으로 바라볼 수 있냐는 의미이다. 일상적 활용으로는 '자신을 사랑하는 감정' 정도로 사용된다. 자존감이 높은 사람은 자신의 현재 처한 상황과 환경을 긍정적인 시각으로 바라보며 자신의 행복에 유리하다. 평균적으로는 여성보다 남성의 자존감이 더 높은 편이라고 한다. 그래서 여성들이 외모 관리에 더 신경을 쓴다고 한다. 다만 이는 평균일 뿐이므로 모든 여성이 이런 것은 아니다.

자존심은 타인이 자신을 존중하거나 받들어 주길 바라는 감정을 의미하지만, 자존감은 스스로 자기 자신을 그 자체로 존중하고 사랑하는 감정의 의미로 사용된다. 더 쉽게 말해 긍정적으로 보는 자존감과 달리 자존심은 나를 돌아보지 않고 타인의 경의만을 바라는 인간상을 의미하는 이기적 의미로 사용된다.

건강한 자존감에 이바지하는 어린 시절의 경험: 경청, 존중하는 언어와 마음, 적절한 관심과 표현(애정), 성취 인정, 실수나 실패 인정 및 수용.

낮은 자존감에 이바지하는 어린 시절의 경험: 가혹한 비판, 신체적, 성적 또는 정서적 학대, 무시, 조롱 또는 놀림.

나는 세 아들의 아빠이다. 내가 아이들에게 늘 하는 말이 있다. "사랑해", "고마워", "아빠는 네가 있어 너무 자랑스러워!" 등의 긍정 언어를 거의 매일 사용하고, 표현한다. 그러면 아이들도 "나도", "아빠, 나도 사랑해", "고마워" 등과 같이 긍정의 언어로 화답한다. 어린 시절부터 이러한 환경을 만들어 주는 것은 부모의 역할이다.

결국, 이렇게 성장한 아이들이 성인이 되어서도 자신과 주변 사람들을 더 아끼고, 사랑할 수 있게 된다. 사실 나는 자존감이 매우 높은 편이다. 자존심은 버린 지 오래다. 나와 같이 자존감이 높은 사람들은 몇 가지 특징이 있다. 대표적으로 인간관계에 집착하지 않는다. 소위 '자발적 아싸'라고 말한다.

사람들과 어울리는 것 또한 좋아한다. 하지만 그것보다는 자신의 취미와 일정 등에 자유롭게 시간을 사용하는 것을 선호한다. 혼자 있을 때도 충분히 만족과 행복을 느낄 수 있다. 인간관계에 시간과 돈을 많이 쓸 필요가 없다고 생각하기 때문이다. 또한 '인싸'가 아니라는 것에 부끄러움이나 열등감을 느끼지 않으며, 남들에게 조롱을 당해도 큰 상처를 받지 않는다.

반면 자존감이 낮은 사람들의 대표적인 특징으로는 스스로가 만족, 행복하지 않다고 생각한다. 그래서 자존감이 낮을수록 감성적이고 우울증, 불안장애 등에 취약한 경향이 있다. 겉모습에 지나치게 관심을 가져 외모 관리와 명품 등에 지나치게 집착한다. 자신의 외모가 완벽하지 않다고 느껴지거나, 명품이 없으면 자신을 초라하고 보잘것없는 사람으로 느끼는 경우가 많다. 그래서 자신의 경제력이 충분하지 않음에도 과도하게 명품을 구매하여 카푸어, 하우스푸어처럼 되기도 한다.

자존감이 낮은 사람은 자신의 가치를 제대로 인정하지 못하기 때문에 타인의 사랑과 인정을 통해 자신의 가치를 확인하려는 경향이 있다. 타인이 자신을 사랑하고 인정해 준다면, 자신도 가치 있는 존재라는 것을 믿을 수 있기 때문이다. 또한, 자존감이 낮은 사람들은 타인으로부터 거절당하거나 버림받을 것이라는 두려움을 가지고 있다.

자신에 대해 호의적이지 못한 견해를 갖고 있으며, 이 때문에 자기혐오와 부정적인 말과 행동을 자주 표현한다. 예를 들어 이런 사람들은 "나는 할 수 없어, 나는 실패자다, 나는 내세울 것이 없다. 나는 쓸모가 없다."라는 것과 같이 생각하고 말한다. 또한, 오히려 자존심은 높아져 자신에 대해서 방어적으로 대하며 남의 탓을 하기도 하며, 혹은 자신과 타인을 모두 안 좋게 평가하기도 한다.

자존감과 자존심은 모두 자신을 긍정적으로 평가하고 사랑하는 마음이다. 그러나 자존심은 타인과의 경쟁 속에서 얻는 긍정이며 자존감은 자신의 있는 그대로를 받아들이는 긍정이다. 이에 따라 자존심은 끝없이 타인의 눈치를 보며, 경쟁해야 존재할 수 있다. 반면 자존감은 자신에 대한 확고한 사랑과 믿음이기에 경쟁 상황에 따라 급격히 변하지 않는다.

자존감이 높은 사람은 자신의 부족한 부분을 인정하고, 타인의 좋은 태도와 습관을 그대로 수용하여 자신의 가치를 올리는 데 활용할 줄 안다. 하지만 자존심이 센 사람은 시기와 질투로 받아치며 배우려는 자세와 태도를 보이지 않는다. 그러니 발전이 없다. 우리가 해야 할 일은 자존심은 낮추고, 자존감을 올리기 위한 다양한 방법을 찾고, 발견하고, 실행하고, 적용해야만 한다.

매너가 좋은 사람은 자존감의 깊이와 넓이가 느껴진다. 사람에게서 품격을 느낄 수 있으며, 본보기가 되고 배울 점이 많다는 것을 확인할 수 있다. 반면 매너가 좋지 못한 사람은 자신의 꼰대 같은 기준으로 상대를 누르려고 하며, 언제나 자신보다 상대를 낮게 여기는 마음으로 대하다 보니 진정성이 떨어진다. 당연히 주변에는 사람이 없다.

이는 비즈니스 현장에서도 확인할 수 있다. 매너는 개인의 생활습관 및 태도가 겉으로 드러나 보이는 것으로, 좋은 매너를 가졌다는 말은 현장에서 자신의 가치와 명확한 기준으로 상대를 대한다는 것이다. 주변의 동료와 고객은 그와 함께 시간을 보내고 싶어 하고, 그의 이야기를 듣고 싶어 한다.

그러므로 매너는 상당히 중요한 부분이다. 특히 영업현장에서 고군분투하는 우리 영업사원들은 비즈니스 매너를 익히고, 배우고, 습득하여 자신의 것으로 만들 필요가 있다. 즉, 비즈니스 현장에서 좋은 경쟁력이 된다는 것이다. 특히 우리의 상사들은 당신의 매너와 태도를 한순간에 포착한다.

이 부분이 당신에게 더 많은 기회를 제공하고 다른 사람들이 당신의 성공을 위해서 협업하거나 시너지를 내기 위해 다양한 제안을 받게 된다. 좋은 매너를 지켜야 하는 이유다. 백 마디의 말보다 당신의 멋진 매너의 모습이 더 빛을 발하는 것은 당연하다. 비즈니스를 하면서 상사나 동료 그리고 고객의 마음을 얻는 것이 중요함은 말할 필요도 없다. 그러나 마음을 얻는 것 자체가 시간도 필요하지만, 그 시간을 확보하기 위한 첫 관문이 바로 당신의 매너라고 말할 수 있다.

그래서 나는 직원들과 동료들에게 비즈니스 현장에서 매주 중요한 것이 바로 매너라고 말한다. 이 매너는 자존심이 높은 사람은 절대 갖출 수 없다. 자존감이 높은 영업 고수들만이 가질 수 있는 것이 바로 매너다. 따라서 우리는 자존심은 누르고, 자존감을 높이는 연습과 훈련을 통해 비즈니스를 할 때 모든 시작의 첫 단추가 제대로 끼워지는 것이다. 그것이 출발점이다.

고객의 마음은 매너와 대화법으로 잡는다

고객의 마음을 얻는데 가장 효과적인 방법이 두 가지가 있다. 이 방법은 비용도 시간도 들지 않는다. 누구나 적용할 수 있으므로 당장 시작해 보길 바란다. 첫 번째 방법은 어린아이와 같은 호기심을 갖는 것이다. 호기심이란 새롭고 신기한 것을 좋아하거나 모르는 것을 알고 싶어 하는 마음이다.

누군가가 자신에게 호기심에 가득 찬 눈빛으로 질문을 하거나, 관심을 둘 때 우리는 상대에게 호감을 느낄 수 있기 때문이다. 두 번째 방법은 '꿈은 이루어진다.'라는 긍정적인 믿음과 확신으로 나아가는 것이다. 우리의 고객은 부정적인 언어와 행동은 싫어하고, 긍정의 언어와 행동을 좋아한다.

요즘 나의 삶은 감동이다. 6개월 준비해서 진행된 프로젝트가 성공적으로 마무리되었기 때문이다. 이 성취감은 말로 표현할 수 없다. 너무 기쁘고, 행복하다. 원하던 바를 이루기 위해 두 번 떨어졌지만 나는 포기하지 않았다. 다시 도전했고, 최종 합격을 할 수 있었다. 이를 통해 매일 도전적인 삶을 살고 있고, 끊임없이 도전하는 이 삶이 정말 감사하다.

이처럼 인생 전반이 긍정적인 언어와 행동으로 무장하기 위해서 우리는 작은 성취들을 지속해서 만들어야 한다. 지금 이 책을 읽고 있는 독자들에게 물어보고 싶다. 잠시 책 읽는 것을 멈추고, 아래 주어진 질문에 답해보면 좋을 것 같다.

- 요즘 나의 삶은 어떠한가?
- 이 책을 통해 얻고 싶은 것은 무엇인가?
- 나에게 매너란 무엇인가?

위 질문을 내가 속해 있는 공동체에서 청년들에게 물어본 적이 있다. 청년들의 허락을 구하고, 당시 답변에 관한 내용을 이번 장에서 소개하고 싶다. 호기심과 긍정의 마음으로 다른 사람들의 이야기를 참고하면 좋겠다.

진호: 요즘 저의 삶은 '노잼 '입니다. 재미가 없습니다. 저에게 매너란 '거울'입니다.

호진: 요즘 저의 삶은 '지침'입니다. 저에게 매너란 '소통'입니다. 소통을 통해서 꾸준히 관계 유지를 한 다음 상대방에게 편안한 느낌을 주면 상대방도 자연스럽게 매너 있다고 느끼지 않을까 생각합니다.

민서: 요즘 저의 삶은 '모험'입니다. 저에게 매너란 '일상의 연속'입니다.

서영: 요즘 저의 삶은 '건전지'입니다. 저에게 매너란 '매너 대상에 대한 이해'입니다.

위 답변을 듣고, 나는 청년들 한 사람 한 사람을 생각하며 진솔한 피드백을 해주었다. 여기서 중요한 사항이 있다. 피드백은 긍정적인 피드백과 부정적인 피드백이 있다. 이렇게 이분법적 사고로 나누는 것을 크게 좋아하지는 않는다. 하지만 이해를 돕기 위해 설명을 하자면 "나는 당신의 피드백을 별로 듣고 싶지 않아요"라고 하는 청년이 있을 수도 있다는 사실을 알아야 한다.

무슨 말이냐면 예를 들어 한 청년이 '나는 지금 잘하고 있고, 누군가의 피드백이 필요 없어요.'라며 싫어할 수도 있다는 것이다. 나는 선의의 말과 행동을 상대에게 전한다고 하지만 상대는 오히려 불편해할 수 있다는 의미이다. 과도한 친절 및 매너가 오히려 누군가에게는 불편할 수 있기 때문이다. 예전에는 미처 알지 못했다. 하지만 나이를 먹어 감에 따라 나도 깨우치고 있다.

우리의 고객도 마찬가지이다. 매너와 좋은 대화법 그리고 선한 리더십으로 고객을 만나 우리의 제품 설명과 판매를 위한 말과 행동을 하지만 나와 코드가 맞지 않는 고객들도 있다는 사실을 명심해야 한다. 이런 상황이 온다면 여러분이 영업을 못 하는 것이 아니라 상대와 맞지 않는 것일 확률이 높으므로 스스로 자책하거나 슬럼프에 빠지지 말기 바란다.

영업현장에서 발로 뛰면서 고객에게 기대하고 싶은 것을 적어본 적이 있다. 영업활동을 준비하면서 나는 고객에게 소통, 공감 그리고 현장에서 주인공은 내가 아니라 내가 상대하는 고객이다. 또한, 우리의 고객은 정말 대단한 분들이다. '대단하다'라는 사전적 의미는 '출중하게 뛰어나다'이다.

정말 뛰어난 분들이 바로 내가 만나는 고객들이다. 진짜 우리의 고객은 대단하신 분들이다. 결국, 나를 일으켜 세우고, 나의 목표 달성과 내가 영업을 계속할 수 있도록 해주는 대상이 바로 우리의 고객들이기 때문이다. 모든 영업의 시작은 고객으로부터 출발한다는 사실을 우리는 바로 알아야 한다.

고객에 대한 정의를 종이에 적고 늘 가슴속에 넣고, 현장을 누비고 있다. 우리가 고객에게 활용해야 할 효과적인 방법을 소개하겠다. 첫째는 고객에 대한 배려를 갖춰야 한다. 기본적으로 영업 고수의 매너와 대화법은 상대에 대한 배려로 시작을 해야 한다. 그러므로 내가 하고 싶어 하는 말보다 고객이 듣고 싶어 하는 말을 먼저 해주는 것이 영업인이 갖춰야 할 대화법이고, 매너이다.

결국은 부메랑이 되어서 고객에 대한 매너가 나에 대한 매너로 되돌아온다. 스스로가 자신에게 먼저 매너를 보여야 한다. 우리의 고객은 생각보다 단순하다. 복잡해 보이지만 단순해서 듣기 좋은 말, 긍정의 언어, 좋은 태도를 보여주면 결국 내가 받게 된다. 둘째는 영업 현장에서 영업인이 고객에게 무언가를 받기 위해서는 결국 우리의 태도에 달려있다. 우리의 진솔한 태도를 접한 고객은 조금씩 우리의 매력을 느끼게 될 것이다. 결과는 자연스럽게 따라오게 된다.

셋째는 솔직함이 매우 중요하다. 고객에게 솔직하게 다가가면 갈수록 고객은 우리를 진정성 있게 보게 된다. 이건 영업활동 하면서 큰 강점으로 작용한다. 솔직함을 가진 영업인이 다른 경쟁 영업인보다 50% 이상 먹고 들어간다. 왜냐면 솔직함이 있는 영업인은 눈빛, 몸짓 그리고 표정에서 다 표현되기 때문이다.

넷째는 '나는 이렇게 솔직하고, 진정성 있는 사람입니다'를 잘 표현하는 것 또한 무척이나 중요하다. 커뮤니케이션, 톤&매너. 결국은 전달력이다. 내가 가지고 있는 것들을 어떻게 고객에게 잘 전달할 것인가? 전달하는 능력. 기술도 중요한 부분임을 잊지 말자.

다섯째는 책임감과 주인의식을 가져야 한다. 영업인은 한 회사의 대표와 같은 직책으로 현장을 누빈다는 사실이다. 단순히 월급을 받는 직장인이 아니라 담당하는 제품의 기업, 회사의 대표라는 주인의식을 통해 책임감을 강하게 느껴야 할 필요가 있다. 그렇다고 너무 부담은 갖지 말자.

영업 고수의 매너와 대화법으로 선한 리더십을 행사하는 영업인이라면 명확한 기준이 있어야만 한다. 자신의 기준을 직장 상사나 동료와 후배들에게 표현하고, 열린 마음을 갖고 더 다가가서 소통해야 더 성장 및 발전할 수 있기 때문이다. 본인만의 기준을 갖고, 고객과 잘 연결될 수 있도록 노력하면 어느새 내가 원하는 목표 달성에 더 다가가 있는 자신을 발견할 수 있을 것이다.

비즈니스 현장에서 만나는 고객이 답

"백 마디의 말보다 한마디의 짧은 응원이 더 효과적이다."

내가 한 말이다. 영업 고수의 매너와 대화법은 바로 이래야 한다. 굳이 많은 이야기를 하지 않아도 짧은 한마디의 응원이 더 충격이 있다. 고객이 받는 느낌, 감정이 더 중요하기 때문이다. 영업 고수의 말(매너)는 내가 하고 싶은 말을 하는 것이 아니라 고객이 듣고 싶어 하는 말을 하는 사람이다.

그래서 질문을 많이 해야 하고, 고객의 답변 속에서 고객은 어떤 의미를 표현하고 있는지, 고객이 어떤 상황인지, 생각하고 있는지를 센스 있게 파악해야 한다. 이건 훈련이 필요하다. 공부해야 하고, 관심을 가져야 가능하다. 내가 '알고 있는 것'과 '아는 것'을 설명할 줄 아는 것은 다른 영역이기 때문이다. 쉽게 말해 알고 있는 것을 상대에게 설명하지 못하면 그건 아는 게 아니다. 모르는 것이다. 아는 것을 쉽고, 편하게 상대에게 잘 설명할 줄 알아야 정확히 아는 것이다.

영업인이라면 반드시 알고 넘어가야 할 부분이 세 가지가 있다. 첫째, 영업은 힘들고, 고통스러움을 견디는 사람이 성공한다. 그래서 훈련이 필요하다. 둘째, 영업은 제품에 집중하지 말고, 고객에게 집중하는 일이다. 셋째, 영업은 말하기보다 듣는 것을 즐기는 일이다. 이 세 가지를 키워드로 설명하면 다음과 같다.

영업(세일즈)
훈련
고객
경청

영업에서 비즈니스 매너가 중요하다는 것은 앞서 수차례 전달했다. 매너(Manner)가 얼마나 중요한지 청년들에게 물어보았다.

정기: 중요하죠. 사람들 관계에서 매너는 상대의 예의, 존중이다. 매너가 없다면 상대를 무시하는 게 될 수 있다. 조직에서도 아무리 아랫사람이라도 더 존중하기 위해 노력한다면 아랫사람도 윗사람을 더 존중하고, 매너 있는 행동으로 보답하기 때문입니다.

민지: 중요하다고 생각합니다. 왜냐하면 매너라는 것이 행동도 있지만, 언어에도 있다. 사내에서도 지침이 있지만, 서로의 존중이 필요하고, 상대와 소통이 잘 되면 조직의 발전뿐만 아니라 성과에도 도움이 되기에 중요하다고 생각합니다.

서영: 중요하죠. 이유는 일단 비즈니스 현장에서는 사람과의 소통, 관계와 상당히 밀접해 있으므로 매너는 중요하다고 생각합니다.

민서: 나와 상대의 관계에 있어 너무 중요하다고 생각합니다.

호진: 저도 중요하다고 생각합니다. 상대방의 실력, 능력도 중요하지만, 상대와의 소통이 부족하다면 성과도 달라질 수밖에 없다. 그래서 상대와의 예의, 존중, 매너는 무척 중요하고, 필요로 한다고 생각합니다.

진호: 업무에 대한 책임감만큼이나 상대에게 매너를 지키고, 존중하는 일은 너무 중요하다고 생각합니다.

실질적으로 연구조사 결과에서도 직장 특히 비즈니스 현장에서의 매너는 무척 중요하다는 결론을 다양한 논문에서 확인할 수 있다. 기본적으로 서로가 서로에게 지켜야 할 예의, 존중, 매너는 우리가 생각하는 것 이상으로 매우 중요한 부분이다. 사내에서도 상사에게 인정받고, 상사를 존중해주는 가장 기본은 사람의 매너, 배려, 공감, 대화법에 있다.

영업인의 매출 목표 달성을 주도하는 건 우리처럼 보이지만 사실 우리가 아니다. 답은 고객에게 있다. 누가 이 말을 부정할 수 있는가? 생각해 보자. 지금 기업에서 영업부 조직에서 일하고 있는 철수 영업사원이 있다. 철수가 없어도 이 조직은 돌아간다. 사람을 다시 뽑으면 되기 때문이다.

철수 자리에 영희 영업사원을 투입해도 조직은 잘 돌아간다. 어느 조직이나 마찬가지이다. 내가 없어도 된다. 그렇다면 우리가 해야 할 일은 무엇일까? 현재 위치와 상황에서 우리가 해야 하는 일과 할 수 있는 일에 대해 최선을 다하는 것이다. 어떻게? 매너 있게. 멋지게. 당당하게 말이다.

우리가 해야 할 일은 담당하고 있는 거래처 관리와 고객에게 도움이 될 수 있도록 영업활동에 대한 지원과 매너 있는 모습을 보이는 것이다. 결국, 우리의 매출을 만들어 주는 것은 고객이다. 영업을 잘하고 싶다면 고객에게 잘하면 된다. 현장에서 만나는 고객이 우리의 목표 달성을 도와주는 역할을 맡고 있기 때문이다.

그렇다면 영업인이 해야 할 일은 나왔다.

"어떻게 하면 우리의 고객을 잘 도와줄 수 있을까?"

에 대한 고민을 통한 해결 방안(솔루션)을 잘 실행하는 것이다.

영업하기 전에 나는 내가 최고의 가치이며, 나를 위해 살아왔다. 하지만 영업을 선택한 이후, 성과를 내어 영업에서 성공하고 싶었다. 그때부터 나의 관심은 고객이 최고의 가치이며, 어떻게 하면 고객을 만족시키고 나를 도와주게 만들 수 있을 지에 대해 집중하기 시작했다. 그 결과 자연스럽게 성과는 따라올 수 있었다.

과거에 나는 불행히도 경제적으로 안정되지 못했고, 보고 배워야 할 어른들이 없었다. 롤모델의 중요성을 인지하고 있었지만 쉽게 찾을 수 없었기에 현장에서 만나는 고객들이 나의 롤모델이었다. 관점을 바꾼 것이다. 고객들에게 배우기 위한 자세와 태도로 다가가니 자연스럽게 매너 있는 언어와 행동을 표현할 수 있었다.

영업은 절대적으로 혼자서 성장하기 어려운 직무이다. 롤 모델 및 주변에서 성공한 사람들의 경험과 전략을 배우는 것이 가장 효과적인 방법이다. 나에게 도움이 되는 좋은 롤 모델을 찾고 그들의 방식을 분석하며, 자신의 영업 방식에 접목한다면 더욱 빠르게 목표를 달성할 수 있을 것이다. 여기서 주의할 점은 무작정 유명한 사람을 따라가기보다는 자신과 맞는 롤 모델을 전략적으로 찾고, 효과적으로 배우는 것이 중요하다.

영업을 하는 우리가 주변에서 가장 빠르고, 정확하게 롤모델을 찾을 수 있는 방법을 알려주겠다. 첫 번째는 나와 함께 근무하고 있는 동료 및 선배 영업인은 같은 조직에서 일하기 때문에 현실적인 조언을 받을 수 있는 장점이 있다. 같은 업계에서 오랫동안 일하며 높은 실적을 올린 동료나 상사가 좋다.

두 번째는 영업 전문가를 찾아가서 인터뷰를 해보는 것이다. 업계 트렌드 및 혁신적인 영업 전략을 배울 수 있을 것이다. 강연, 책, 유튜브에서 활발하게 활동하는 유명 영업 전문가를 찾아보는 것도 방법이다.

한 명의 롤 모델만 고집하지 말고, 여러 강점을 가진 사람을 참고하여 내 영업에 적용하는 것이 더 효과적이다. 신입사원 시절부터 나는 끊임없이 찾고, 구했다. 배우기 위해서 말이다. 같은 회사에서 인정을 받고, 일을 잘하는 선배 및 동료들에게 주기적으로 찾아가서 조언을 구했다. 매주 토요일에는 서점으로 달려가 영업, 마케팅 관련 책들을 섭렵하며 세미나에 참석하여 강연을 들으면서 배우고, 익혔다.

또한 비즈니스 현장에서 만나는 고객들을 통해서도 참 많이 배울 수 있었다. 내가 현장에서 만나는 고객들은 모두 훌륭한 분들이었다.

나의 롤모델은 선배와 동료, 영업전문가, 고객들이었고, 그들에게 답이 있다고 믿고, 현장을 누볐다. 시간이 흘러 자연스럽게 고객들은 나를 지지해주기 시작했고, 도와주기 시작했다. 결과는 자연스럽게 따라오게 되었다. 그렇게 나는 입사 6개월 만에 목표 200% 달성으로 최우수 영업사원에 선정되었다. 또한 전국 영업 1등으로 성장했고, 최근에는 Global TOP6에 선정되는 영광을 얻을 수 있었다.

지금 현장을 누비는 여러분들의 내면에 답은 이미 있다.

공감과 배려가 고객을 감동하게 한다

영업을 잘하려면 매너와 대화법이 좋아야 한다고 앞에서 계속 말하고 있다. 매너와 대화법이 상대를 향하여 있는 것처럼 보이지만 실제는 자신, 나(Self)를 향하고 있다는 것을 분명하게 인식해야 한다. 나를 향하고 있다는 것은 스스로 여유가 있어야만 가능한 일이다. 분주하고, 바쁜 영업인은 자신을 돌볼 여유가 없다.

그 때문에 영업을 잘하려면 무엇보다 여유가 있어야 한다. 서두르지 않고, 침착한 영업을 통하여 우리의 고객을 상대해야만 고객이 당신에게 편안한 느낌과 감정을 얻을 수 있기 때문이다.

지금까지 영업 및 세일즈 관련 총 5권의 책을 집필하면서 늘 독자들에게 이야기했던 부분이지만 고객을 편안하게 해주려면 세 가지를 준비해야 한다.

첫째, 오롯이 혼자 설 수 있어야 고객과 함께 있어도 불편하지 않다. 영업 관련 교육을 받지 않고, 바로 비즈니스 현장에 뛰어들어 영업한다는 것은 아무런 보호 장비 없이 링 위에 올라가는 것과 같다. 영업을 쉽게 생각하고, 아무런 준비 없이 현장에 투입되어 고객을 만나는 것은 상당히 위험할 수 있다.

영업한다면서 관련 서적 한 권도 읽지 않고, 고객을 상대하게 되면 여유도 없을뿐더러 고객을 불편하게 만들 확률이 높다. 끊임없이 고객에게 원하는 바를 요구하기 때문이다. 영업 고수가 되려면, 적어도 영업을 좀 한다는 소리를 들으려면 훈련과 공부가 필요하다. 가장 중요한 본질은 혼자 있어도 외롭지 않을 정도로 나랑 친해지고, 나와 잘 지내는 연습을 할 필요가 있다.

둘째, 아인슈타인의 말처럼 정신병이란 '매일 똑같은 일을 반복하면서 다른 결과를 기대하는 것'이라고 한다. 어제와 똑같은 오늘을 살면서 오늘과 다른 내일을 기대하는 것은 정신병이다. 오늘 당장 나의 삶의 패턴을 바꾸냐, 바꾸지 않느냐에 따라서 내일의 내가 결정된다.

당연한 이 이야기를 실제 삶에 적용하기가 만만치 않을 것이다. 어제와 똑같이 오늘도 늦게 일어나고, 생산적인 활동보다는 시간 보내기에 급급한 나머지 하루를 보내는 영업인의 미래는 불을 보듯 뻔하다. 이러면서 '내일은 좀 더 괜찮은 내가 될 거야'라고 말하는 건 말도 안 된다.

당장 오늘부터 가장 기본이 되는 영업 콜 관리, 데이터 분석, 시장조사 등 영업 현장에 필요한 활동들을 준비해야지 원하는 미래의 방향이 그려질 것이다. 이런 행동의 변화가 있어야만 오늘보다 좀 더 나은 내일이 있다.

셋째, '우리는 우리가 아는 것만 본다'라는 말이 있다. 내가 얼마나 많은 경험을 하고, 얼마나 많은 학습을 하고, 많이 배우느냐에 따라서 아는 지식이 많아야지만 내가 볼 수 있는 것이 더 많아진다. 고객을 만나서 내가 할 말이 별로 없다면 어떨까? 고객에게 내가 도움을 드릴만한 것이 없다면 어떨까?

내가 아는 게 많아질수록 선택의 폭이 넓어진다. 더 다양한 고객들을 상대할 수 있게 된다. 지속해서 나의 입 밖으로 내뱉으며 머릿속으로 각인을 시키는 연습을 통하여 실천하려는 노력을 조금이라도 더 할 수 있을 것이다. 이 세 가지 부분을 현장에서 고객을 상대하는 영업인들의 삶에 조금이라도 도움이 되었으면 좋겠다.

공감 - 대상을 알고 이해하거나, 대상이 느끼는 상황 또는 기분을 비슷하게 경험하는 심적 현상을 말한다.

배려 – 도와주거나 보살펴 주려고 마음을 씀.

특히 비즈니스 현장에서 고객을 상대하는 영업인들이 타인의 마음을 헤아리는 것은 필수역량이다. 고객의 내면을 읽고 공감하거나 배려할 수 있는 대화법이 중요하다. 상대를 배려하는 역량이 떨어지고 공감 능력이 제로라면, 숲을 보지 못하고, 눈앞에 닥친 환경이나 상황만이 전부인 것처럼 말하고 행동하게 된다.

결국, 고객은 보이지 않고 자신의 의견만 고집함으로써, 타인의 인격이나 의견을 무시하게 되어 고객을 떠나보내게 된다. 이처럼 공감과 배려는 영업인에게 중요한 역량이다. 이러한 공감과 배려는 저절로 만들어지지 않는다. 학습과 훈련을 통해서 습득되며, 개인의 지능과도 깊은 연관이 있다는 연구 결과가 있다.

미국의 심리학자 에드워드 티치너(Edward B. Tichener)는 '감정이입'을 뜻하는 독일어 'Einfuhlung'을 '공감'(Empathy)으로 번역하며, 공감은 '상대의 가치관 형성 과정과 그 작동 방식을 이해하는 것'이라고 말한다. 공감이나 배려는 이성적인 판단과 사고능력이 필요한 영역인 동시에 복합적인 지능의 영역이라는 의미이다.

내가 아닌 타인의 입장으로 상황을 인지하고 이해하는 이성적 지능은 물론, 그 상황에서 느낄 감정까지 알아차릴 수 있는 민감성이 발달해야 하기 때문이다. 비즈니스 현장에서 고객을 상대하는 영업인들이 공감과 배려 관련된 서적 한 권도 읽지 않고, 무작정 영업활동을 하는 게 나는 이해하기 어렵다.

한 분야에서 전문가가 되고 싶고, 잘하고 싶다면 노력을 해야만 한다. 아무런 노력이나 투자 없이 그 분야에서 두각을 나타낸다는 것은 말도 안 된다. 고객을 감동하게 하고 싶은가? 고객으로부터 원하는 결과를 만들고 싶은가? 고객으로부터 매출 증가의 도움을 받고 싶은가? 그렇다면 지금 당장 공감과 배려에 대한 학습을 시작하길 바란다.

안다는 의미는 경험으로 아는 것과 지식으로 잘 설명할 수 있는 것이 있다. 경험으로 알고 있지만, 상대방에게 설명을 못 한다면 그건 지식도 아는 것도 아니다. 분명한 것은 아는 것을 상대에게 잘 설명할 수 있어야만 한다. 그것이 진짜 지식이고, 아는 것이다. 하지만 대부분 사람은 안다고 착각을 하는 경우가 많다.

다시 말하지만 그건 지식도 아는 것도 아니다. 아는 척일뿐이다. 공감과 배려에 대해 진짜 안다면 학습과 훈련을 했다면 설명할 수 있어야 한다. 설명하지 못하는 것은 아는 게 아니다. 그건 모르는 거다.

얼마 전 실내에서 에어컨 바람으로 옆 사람이 춥다고 말했다. 이런 경우 어떻게 하는 공감이 가장 좋을까?

1번. 추워? 뭐가 춥다고 그래!

2번. 추워? 춥구나!

3번. 추워? 춥지! 나도 그래. 이 담요 깨끗한 거야. 덮어!

그렇다. 3번이 가장 이상적인 답변일 것이다. 공감이 배려가 쉬운 듯 쉽지 않다. 실제로는 몹시 어렵다. 평소에 잘 해 보지 않아서 그렇게 느껴진다. 지금부터라도 공감&배려에 대한 교육과 훈련을 통하여 고객을 감동하게 하는 영업 고수가 되길 진짜 바란다.

매너와 대화법으로 승리해야 한다

지금 이 책을 읽고 있는 독자 여러분들은 에너지 레벨이 높은 편이가? 낮은 편인가? 아니면 중간 수준인가? 생각해 본 적 있는가? 정확한 수치 측정은 어렵겠지만 보통 에너지가 높은 사람들을 보면 느낌으로 우리는 알 수 있다. 반대로 낮은 수준의 에너지를 가진 사람들도 직관적으로 느낄 수 있다.

자신의 인생에 대한 에너지가 큰 사람들이 꼭 좋은 것도 아니고, 에너지 수준이 낮은 사람들이 꼭 나쁜 것도 아니다. 에너지가 많은 사람은 원하는 것이 많기에 쉽게 지칠 수 있고, 감정적으로 다운될 확률이 높다. 이와는 반대로 에너지 수준이 낮거나 보통인 사람들은 그 상태로만 있으면 행복할 수도 있는데 자신이 스스로 투입하는 에너지가 없다 보니 이런 사람들이 사용하는 에너지 방식은 보통 타인을 더 신경 쓰는 경우가 많다.

처음에는 괜찮은데 시간이 지날수록 지치게 되어 있다. 자기 자신이 자꾸 소진되는 느낌이 들기 때문이다. 내가 타인에게 에너지를 사용하는 만큼 나도 모르게 타인에게 뭔가를 자꾸 바라게 된다. 사람의 심리가 그렇다. 이런 보상 심리가 채워지지 않으면 처음에 좋아서 했던 선의의 마음은 실망감과 좌절감으로 바뀐다.

시작은 좋은 마음이었으나 스스로 에너지를 자신에게 사용하지 못하고, 타인을 위해 사용하던 사람들이 그 타인들로 인해서 괴로워지는 순간들이 온다. 만약 이런 영업인이 있다면 그 에너지를 온전히 본인을 위해 쓰는 훈련을 해야만 한다. 다음의 질문에 답해보면 좋을 것 같다.

"지금 내가 정말 원하는 것은 무엇인가?"
"나는 지금 왜 영업을 하고 있는가?"
"영업을 통해 궁극적으로 나는 무엇을 하고 싶은가?"
"나에게 영업이 맞는가?"
"현재 나의 꿈은 무엇인가?"
"올해 목표 달성을 위한 구체적인 방법은 무엇인가?"

"진짜 내 고객은 누구인가?"

"나의 목표 달성을 도와줄 진짜 고객은 누구인가?"

"나는 왜 영업을 하는가?"

타인을 위해 사용하는 에너지보다 자신에게 오로지 사용하는 에너지가 더 큰 에너지를 만들고, 중요한 부분인 점을 꼭 말하고 싶다.

영업은 선택이다. 영업은 완벽하게 준비된 환경에서 결과가 나오는 것이 아니라 당신의 선택이다. 영업은 '주어지는 것'이 절대 아니다. 관련된 서적이나 논문도 많이 찾아보고, 경험해보고, 영업활동 관련 단기, 중기, 장기 목표도 설정해야만 한다. 목표 달성도 해보고, 실수도 해보면서 배워야 하는 학문이다.

영업하면서 바쁜 삶은 절대 결과를 낼 수 없다. 내 주변에 있는 진짜 고객이 누구인지 알아차리고, 그 고객의 마음을 사로잡아야 결과 있는 진짜 영업을 할 수 있다. 생각을 많이 해야 한다. 영업하면 유혹이 많이 있다. 순간의 쾌락을 좇는 건 영업에 방해가 될 수 있다. 여러분이 기존에 가지고 있는 영업에 대한 틀에 박힌 생각도 진짜 영업에 방해가 될 수 있다.

여러분들이 진정으로 원하는 영업은 어떤 것인지 명확한 기준을 갖고 자신만의 진짜 영업을 발견하길 바란다.

고객과의 진실한 인간관계는 여러분에게 좋은 성과를 창출하는 관계이다. 기본적으로 우리는 숫자(데이터), 매출, 타깃을 우선할 수 밖에 없다. 아무리 좋은 관계라 하더라도 나도 모르게 고객이 내가 원하는 방향으로 움직이고자 한다. 나의 매출에 도움이 될 수 있도록, 내가 담당하는 제품의 판매량을 높일 수 있도록 이런 식으로 고객을 조정하려고 한다.

이런 관계는 분명히 말하지만 오래 갈 수 없다. 오래가는 인간관계는 서로에게 편안함, 존중과 배려를 기본으로 매너와 대화법을 지속할 때 유지가 된다. 시간이 지날수록 부모와 자식과의 관계가 힘들어지는 이유는 자식이 원하는 자유를 부모가 주지 못하기 때문이다. 부모의 기준으로 자식을 쥐락펴락하려고 하기 때문이다.

자, 가만히 생각해보자. 고객과 좋은 관계를 유지하기 위해서의 시작점, 출발점은 어디일까? 결국, 좋은 매너와 대화법의 상대는 타인, 고객이 아니라 자신, 나(Self)이다. 지금 이 책을 읽고 있는 독자 여러분 자신이다. 내가 나한테 시간을 먼저 주고, 나를 먼저 되돌아보는 것이 시발점이다. 내 마음이 가벼워지고, 편안해야 여유가 생기고, 주변을 돌아볼 수 있게 된다.

또 하나는 지금 영업인들 정신 바짝 차려야 한다. 하루 24시간이다. 누구에게나 같다. 지금 아무런 생각 없이, 목표 없이, 계획 없이 사는 게 목표라면 그렇게 살아도 관계없다. 누가 뭐라고 하는가? 어차피 자기 인생이다. 하지만 행복하고, 풍요롭고, 더 여유로운 미래를 꿈꾸는 사람이라면 지금처럼 살면 안 된다.

나는 지금도 새벽 4시에 일어난다. 책을 읽고, 책을 쓰고, 명상하고, 산책하고, 커피를 마신다. 하루의 일과를 점검하고, 내일 그리고 이번 주 계획에 대해 생각한다. 아들 셋을 키우고 있어 책임감이 크다. 만약 내가 책을 읽고 싶고, 쓰고 싶다고 해 보자. 토요일 아침 9시에 일어나서 내 방에서 책을 읽고, 쓴다면 아내와 아이들의 기분은 어떨까?

정말 미련한 일이다. 완전히 이기적이기 때문이다. 혼자 살아야 한다. 그런데 책을 읽고 싶고, 쓰고 싶다면 지혜롭고 현명한 사람은 어떻게 해야 하는가? 잠을 줄일 수밖에 없다. 새벽 4시에 일어나 책을 읽고, 쓰면 피곤하다. 당연히. 그런데도 지속하는 이유는 하나다. 더 행복하고, 풍요롭고, 더 여유로운 미래를 꿈꾸기 때문이다.

우리는 정신 바짝 차리고 살아야만 한다. 다음의 질문을 하고 싶다. 잠시 멈춰서 생각해보고, 다음 장으로 넘어가길 바란다.

"당신은 자신에게 얼마나 큰 관심을 쏟고 있는가?"

필요하면 나를 활용해도 좋다.

"권태호 작가님, 커피 한잔 마시고 싶어요!"

"권태호 작가님, 코칭 받고 싶어요!"

언제든지 당신이 편한 상황과 환경이 되면 연락 주길 바란다.

매너와 대화법이 좋은 영업 고수들은 첫째, 호감 가는 첫인상을 가지고 있다. 둘째, 고객의 '눈'을 보면서 신뢰도와 진정성을 파악할 줄 안다. 셋째, 나를 잘 표현하는 게 포인트이다. 결국, 나로부터 시작된다는 것을 우리는 알 필요가 있다. 매너와 대화법의 상대는 고객처럼 보이지만 나에게 먼저 좋은 매너와 습관을 보여주고, 긍정의 대화법을 연습하고, 훈련해야 진정한 승리를 얻을 수 있게 된다.

Chapter 3.

대화법을 극대화하기 위한 매너

관계의 운을 믿는다

얼마 전 교회 청년들 대상으로 '청년지도자가 갖춰야 할 매너와 대화법' 특강을 진행한 적이 있다. 특강을 통해 배우고, 느끼고, 실천할 점에 대한 다음의 두 가지 질문을 던졌다.

- 강의를 통해 얻은 새로운 사실

- 앞으로 OO를 할 때 꼭 활용해보고 싶은 것은 무엇인가?

내가 말한 특강의 내용이 정답은 아니다. 하지만 가장 중요한 사실은 여러분들이 어떤 강의나 세미나를 듣고, 배우면서 배움으로 끝을 내면 안 된다. APPLY(적용하기). 자신의 삶에 배운 부분을 적용할 포인트를 찾고, 실행해야만 한다. 그게 핵심이다. 내 것으로 만들어야 진정한 배움이 된다.

진호: 특강 이후에 상대가 나를 어떻게 생각하는지 알게 되었습니다. 다음 주에 부하직원이 한 명 새롭게 오게 되는데 지도할 때 어떻게 효과적으로 교육, 훈련을 해줘야 하는지에 대해 배우게 되었습니다.

서영: 사실 새로 알게 된 부분보다는 다시 깨닫게 되었습니다. 저는 노래를 하는 사람이다 보니 저의 보컬 선생님께서 하시는 말씀이 '너는 따라 하는 걸 잘한다.'라고 하세요. 하지만 '이 노래를 너의 이야기로 만들어서 불러봐'라고 하면 잘 못 해요. 누군가를 모방하고, 재미를 위해서나 분위기를 띄우기 위해서 따라 하는 건 잘하지만 나의 내면에 있는 보이지 않는 것을 꺼내는 것은 잘하지 못하는 것 같아요.

호진: 아직 정리를 못 해서 뭐라고 말해야 할지 모르겠어요.

나: 그럴 수 있어. 이렇게 말하는 호진 이의 현재 상황을 이해할 수

있을 것 같아. 만약 현재 내 상황이 예를 들면 학업에 집중하고 있다거나 혹은 일(업무, 직장)에 집중하고 있다고 하면 이러한 질문에 답변할 수 있을 것 같은데 호진 이의 상황이 아직은 정리가 좀 되어 있지 않아서 그런 것 같아. 이런 특강을 들은 이후에 자신에게 시간을 주면서 생각을 정리할 필요가 있다.

인간은 생에 걸쳐 총 4단계를 계속 반복하게 된다. 1단계는 선택, 2단계는 집중, 3단계는 몰입, 4단계는 지속이다. 선택 후 집중하고, 몰입하고, 지속하는 4단계가 가장 어렵다. 일단 선택을 위한 과정이 필요해 보인다.

민서: 새로운 사실보다는 권태호 선생님이 정말 대단하다고 느꼈습니다. 대단한 능력을 보유하고 계시다고 느꼈습니다.

나: 사실 저도 매우 부족한 사람입니다. 그런데 저의 강점이 뭐냐면 진정성입니다. 특히 사람들, 대중들 앞에 설 때 대중들의 시선과 마음을 끄는 흡입력의 에너지가 엄청나게 크다. 정말 감사하죠.

민지: 권태호 선생님이 스스로 하고 싶다는 것이 있으면 새벽을 깨운다는 사실을 새롭게 알게 되었습니다. 저는 늘 출근 시간 9시부터 퇴근 시간 6시까지 안에 무언가를 해야 한다고 생각했는데 하고 싶은 게 있다고 하면 새벽을 깨워서 그 시간에 하는 것이 맞다는 사실을 알게 되었습니다. 성실함과 꾸준함의 중요성을 다시 한 번 깨닫

게 되었고, 제 삶에 적용해보고 싶습니다. 마지막으로 비즈니스의 매너와 대화법은 결국 나를 향해 있다는 본질에 대해 알게 되었습니다. 이 좋은 에너지가 상대에게 그대로 전해진다는 그것을 깨닫게 되었습니다.

정기: 저는 새로운 사실보다는 기존에 알고 있던 내용이었지만 실행하지 못했던 지난날이 생각이 났습니다. 잊고 있었던 사실에 대해 다시 한 번 깨닫게 되었습니다. 특히 실천 방안, 실행력의 중요성에 대해 깨달았습니다. 긍정적인 언어와 생각이 모여서 상대를 바라보는 시선과 대화법이 결정된다는 것을 알 수 있었습니다.

은진: 온전히 나를 먼저 생각해야 한다는 중요한 사실을 깨달았습니다. 기존의 저의 매너와 대화법은 타인에게 과도한 배려로 인해 나의 에너지가 소진되는 느낌이었습니다. 그러다 보니 타인에 대한 보상심리가 있었는데, 이제는 나를 먼저 돌아보고, 충전된 에너지와 여유로 상대에게 향해야 한다는 것을 배웠습니다.

자신에게 매너를 보이지 못하고, 긍정의 대화법을 사용하지 않는 보통의 사람들은 흉내를 잘 내는 경우가 많이 있다. 자신의 본모습이 보이지 않고, 모방의 삶을 산다. 모방이 꼭 나쁜 것은 아니다. 하지만 모방만 하면 자신의 내면을 볼 수가 없다. 자신의 내면을 보는 것은 진정한 자신을 이해하고 성장하는 핵심 과정이다. 영업인이라면 반드시 이 과정을 거쳐야 한다. 하지만 바쁜 비즈니스 현장에서 스스로를 깊이 성찰하는 것은 어려운 일이다.

내면을 들여다보는 과정은 자신이 진짜 원하는 것이 무엇인지 깨닫고, 감정을 다스리며 더 나은 방향으로 나아가도록 스스로 돕는 결과를 가져오게 된다. 영업 현장에서 내가 직접 사용했던 지금도 사용하고 있는 구체적인 방법에 대해 알려주겠다. 하루 동안 느꼈던 감정, 고민, 생각을 기록하는 습관이 있다.

예를 들어 “나는 지금 왜 영업을 하고 있는가?”

“어떻게 하면 고객을 확보할 수 있는가?”

“내가 진짜로 원하는 것은 무엇인가?”

나는 매달 서점으로 달려가 영업, 마케팅 관련 책을 읽고 있다. 책을 읽으며 나에 대해 더 깊이 이해할 수 있기 때문이다. 중요한 포인트는 책을 읽으며 ‘내 삶에 적용할 수 있는 점’을 반드시 찾아 기록하는 습관이 있다.

모든 변화의 시작은 내가 나를 인정하고, 입 밖으로 내뱉는 것이다. 여기서부터 노력을 해서 하나씩 만들어 가면 누구나 애벌레에서 나비가 될 수 있다.

영업현장에서 나의 매출을 견인해주는 기존고객 유지가 영업인으로서는 지속적인 영업활동을 위해서 상당히 중요한 부분임은 틀림없다. 하지만 이와 더불어 신규 고객을 만나는 일도 중요한 부분이다. 고객을 만나는 것도 사람이 새로운 사람을 만나는 활동이라고 볼 수 있다.

나의 에너지와 매너 그리고 대화법이 좋은 영업 고수들은 소위 말하는 진상 고객을 피해 나에게 실질적인 도움이 되는 좋은 고객을 만날 확률이 상대적으로 높은 편이다. 좋은 말과 행동이 모여 긍정의 에너지가 축적되기 때문이다. 또한, 에너지가 높은 영업 고수들은 내 편이 되어 줄 좋은 고객을 만나는 상상과 함께 관계의 운을 믿는 사람들이다.

대화는 가능한 간결하게 처리한다

대화를 간결하게 하기 위해서는 상대방의 상황과 환경을 이해해야만 한다. 비즈니스 현장에서 고객과 나누는 의미 있는 대화를 위해서는 내가 하고 싶은 말이 아니라 고객이 듣고 싶은 말을 해야만 한다. 상대의 상황을 배제하고 말을 하면 중언부언하게 되며, 정작 내가 상대에게 전하고자 하는 핵심 메시지를 전할 수가 없다.

핵심만 간결하게 전달하는 구체적인 방법에 대해 말하려고 한다. 아래 공식은 어떤 상황에서든 활용할 수 있다. 무조건 외우면 좋을 것 같다.

$P=f(A*M)*E$

P=Performance

A=Ability

M=Motivation

E=Environment

리더십, 조직심리학자들이 굉장히 사랑하는 공식이다. 성과를 내기 위해 능력, 동기, 환경이 갖춰져야 한다. 성과를 내기 위해서 능력만 갖추고 있으면 성과를 낼 수 없다. 동기만 가지고 성과를 낼 수 없다. 우리가 뭔가 결과 및 성과를 내기 위해서는 그 사람의 능력은 기본적으로 있어야 하고, 동기부여(성취동기, 타인과의 상호작용), 환경 모두가 있어야만 한다.

나는 매달 교회 청년들 대상으로 리더십 특강을 진행하고 있다. 강의를 진행하는 중요한 핵심은 바로 우리 청년들의 성취동기를 불러일으키기 위함이다. '나도 꿈과 목표 그리고 비전을 세워봐야겠다.' 혹은 '나도 이런 비전을 가져야겠다.'라고 하는 자신의 내면의 성취동기를 불러일으키고자 함이 목적이다.

또한, 타인과의 상호작용을 위한 소통의 자리로 활용하고 있다. 앞서도 계속 얘기하고 있지만 간결하게 대화하기 위해서 상대를 바로 알아야 하는데 여기서 가장 중요한 두 가지는 어린아이와 같은 호기심 어린 눈망울로 상대를 이해하려는 태도이다. 두 번째는 '꿈은 이루어진다.'라는 긍정의 믿음과 확신이 매우 중요하다.

* 앞으로의 영업 색깔은 어떤 색상을 원하는가?

잠깐 생각해보고 이어서 책을 읽어주길 바란다. 색깔에 대한 의미는 여러분이 직접 부여하기 나름이다. 정답은 없다. 여러분들 내면에서 생각하고, 느끼는 모든 것이 정답이다. 결국, 답은 각자가 가지고 있다. 지금 이러한 상황과 환경에서 느끼고, 고민하고, 생각하는 모든 것이 정답이다.

청년들 대상으로 강의를 진행할 때는 다음과 같은 질문을 던졌다.

* 지금까지 여러분들의 리더 색깔은 어떤 색으로 표현할 수 있는가?

* 앞으로의 리더 색깔은 어떤 색상을 원하는가?

병천: 저는 지금까지 리더 색깔은 중간에 있다고 생각을 했습니다. 이유는 우유부단한 성격 때문입니다. 앞으로는 빨강이든 회색이든 한쪽으로 가길 원한다.

진호: 지금까지는 파란색이었습니다. 이유는 물이 흐르듯 했는데, 앞으로는 열정 있는 빨간색이 되길 원합니다.

민서: 노란색이었습니다. 노력은 하지 않고, 희망찬 앞날만 보고 달려 나가는 느낌입니다. 앞으로는 열정적인 빨간빛의 리더가 되고 싶습니다.

호진: 저는 주황색이었습니다. 빨강도 파랑도 아닌 뭔가 애매한 색상입니다. 앞으로는 시원시원한 파란색의 리더가 되고 싶습니다.

재영: 제가 떠오르는 이미지는 검은색입니다. 앞으로는 주황색의 리더가 되고 싶습니다. 따듯하긴 한대 포용력도 있고, 빨강은 너무 열정적인 느낌이라 주황색의 리더가 되길 원합니다.

서영: 저는 검은색입니다. 이유는 저의 장단점을 너무 잘 알고 있습니다. 찔러도 피 한 방울 나오지 않는 검정이 아니라 찌르면 피 한 방울 나오는 빨간빛의 리더가 되고 싶습니다.

이러한 질문을 통해서 청년들의 답변을 들으면서 표현이 너무 좋다는 사실을 깨닫게 되었다. 색상의 비유를 통한 현재와 미래의 나를 살펴보면서 가능한 간결하게 말하는 청년들의 모습을 확인할 수 있었다. 이처럼 대화는 상대의 질문을 명확하게 이해한 후, 상대가 궁금해 하는 색상을 먼저 말한다.

그다음 선택한 색상의 의미에 대해 간결하게 전달하면 된다. 이러한 연습을 통해 우리는 조금씩 나아갈 힘을 얻게 되고, 타인과 상호작용하며 긍정의 에너지를 얻을 수 있다. 사람마다 각자의 그릇이 있다. 다양한 그릇의 크기가 다르듯 사람도 마찬가지이다. 우리의 그릇의 크기는 어떻게 결정이 될까?

사람의 그릇 크기는 흔히 그 사람의 포용력, 리더십, 인격의 깊이와 삶을 대하는 태도를 의미한다. 이러한 부분이 결정되는 다양한 요소 중 특히 상관관계가 높은 것은 바로 마음가짐과 태도이다. 비즈니스 현장에서 늘 겸손한 마음으로 배우려는 자세가 매우 중요하다. 또한 타인의 의견을 듣고 성장하려는 영업사원은 시간이 지나면서 더욱 큰 그릇을 가지게 된다. 결국 그릇 크기는 타고나는 것이 아니다. 경험하고 배우고 변화하면서 점점 더 커진다. 무엇보다 꾸준히 성장하려는 습관과 태도를 가진다면 누구든 큰 그릇의 사람이 될 수 있음을 명심하자.

미팅 전에 처리할 대화는 정해둔다

상대에게 메시지를 전달할 때는 최대한 간결하게 말하는 게 좋다고 앞에서 말했다. 간결하게 말하기 위한 핵심은 한 가지다. 미리 정리하는 것이다. 뼈대를 만드는 일이 중요하다. 살은 현장에서 느낌과 상대가 표현하는 감정에 대한 피드백으로 붙이는 것이다. 이를 위해 사전에 해야 할 일은 훈련과 연습을 통해 자신만의 언어를 갖고 있어야 한다.

미리 정리하고 뼈대를 만드는 일의 시작은 상대의 현 상황과 환경을 이해해야만 가능한 활동이다. 아무리 좋은 제안 내용과 확신이 있더라도 상대의 상황과 연결되지 않으면 무용지물이다. 이처럼 상대를 알아야 미리 정리할 수 있고, 뼈대를 만들 수 있다.

영업도 마찬가지이다. 고객과의 미팅에서 내가 얻고자 하는 부분을 명확하게 하는 것이다. 이 부분이 바로 목표 설정이 된다. 설정한 목표를 달성하기 위해 최대한 간결하게 말해야 한다. 고객의 현 상황과 환경을 이해하기 위해서 영업사원이 해야 할 첫 번째 활동이 바로 고객 매출 데이터를 확인하는 것이다.

잠재 고객 혹은 관리 고객이 우리 제품의 양을 어느 정도 사용하는지에 대한 데이터 분석과 다양한 제품 중 어떤 제품의 비율이 높은지를 먼저 확인하는 것이다. 두 번째 활동은 분석한 데이터를 정리하는 것이다. 엑셀이나 파워포인트 등 자신에게 잘 맞는 도구를 활용하면 된다. 도구 활용에 대해 모자라거나 부족한 부분은 시간과 비용을 투자해서 배우면 그만이다.

아무것도 하지 않으면 아무 일도 일어나지 않는다. 영업사원이 목표 달성을 하는 데 필요한 세부 전략을 세우는 일. 이것이 구체적인 실행계획이 된다. 리스트 된 실행계획을 시기별, 시간별로 나누는 일이 우선순위 전략이다. 우리의 시간은 무한한 것처럼 보이지만 유한하다. 하루 24시간 정해져 있고, 일주일은 168시간이다. 누구에게나 같다.

이 시간을 어떻게 효율적으로 활용할 건지에 대한 선택은 온전히 본인의 선택에 따라 결과는 달라진다. 이 부분이 바로 시간 관리이다. 목표관리와 시간 관리만 잘해도 우리는 원하는 목표 달성에 한 걸음 더 다가갈 수 있을 것이다. 이러한 일련의 과정이 선순환 되어 돌아간다면 조금씩 성공과 가까워지는 자신을 발견하게 된다. 결국, 성공은 나와의 관계가 좋게 유지되고, 발전될 때 가질 수 있는 것이다.

고객들과의 관계라는 것도 그렇다. 내가 말하고 싶은 내용을 구구절절 전달하는 게 아니라 고객이 기대하는 듣고 싶어 하는 방식으로, 서로에게 도움이 되도록 해야 한다. 그 방법이 바로 미리 대화 내용을 정해두는 것이다. 영업현장에서는 고객의 시간보다 내 시간을 더 소중하게 생각해서 생기는 문제가 더 많은 것 같다.

매너란 바로 이것이다. 고객의 시간을 소중하게 생각하는 것!

내가 이 책에서 하려는 이야기는 매너와 대화법이란 무엇을 의미하며 그 논리는 무엇인가에 관한 것이다. 매일 잠재 고객과 기존고객을 만나는 영업현장의 세계에서는 내 시간만큼 고객의 시간을 소중하게 생각하는 게 그만큼 중요하다. 고객의 시간이란 자기 혼자만의 기준으로 설정되는 것이 아니다. 다양한 생각을 하는 여러 사람이 함께 살아가는 사회라는 관점에서 보아야 한다.

고객의 소중한 시간을 어떻게 존중해야 하고 실행되는지 살펴보고, 최종적으로는 그것이 왜 여러분들의 소중한 시간을 지키고 목표 달성에 도움이 되는지 써보려고 한다. 나는 보통 영업인이 성공하기 위해서는 시간 자산을 잘 활용하는 감각, 지식, 평소의 성실성, 고객을 잘 활용하는 능력, 대화법, 이 다섯 가지 항목이 중요하다고 여긴다.

이 중에서 감각은 한 사람의 센스를 말하고, 지식은 영업과 마케팅에 대한 전반적인 지식을 말한다. 성실성은 사람의 됨됨이를 말하며, 고객을 잘 활용하는 능력은 매너를 의미한다. 여기에 대화법을 더한다면 최고의 영업사원이다. 매너와 대화법은 고객과의 연결에 도움을 주는 것은 물론, 좋은 관계 유지와 개선을 하는 데 필수적인 요소다.

입장 바꿔 생각해보자. 여러분은 어떤 사람과 관계를 맺고, 발전시켜나가고 싶은가? 내가 상대에게 존중과 인정을 받고 싶은 만큼 여러분도 상대를 대하면 된다. 이처럼, 잠재 고객을 만나거나 기존고객과의 관계를 잘 형성하기 위해서도 매너와 대화법은 중요한 역할을 한다. 즉, 영업현장에서 경쟁력이 된다는 것이다.

우리가 좋은 매너로 고객을 대한다면 고객은 호의적인 태도로 인식하게 될 것이다. 여기에 대화법을 더해 고객을 만족시킬 수 있다면 호의적인 태도를 넘어 다른 고객에게 제안이나 추천을 하게 된다. 즉 매너와 대화법을 갖춘 영업인은 더 높은 평가와 매출에도 긍정적인 영향을 준다는 뜻이다.

영업현장에서 당신에게 도움을 줄 만한 위치에 있는 고객들은 당신의 매너와 대화법을 한순간에 포착한다. 이것이 당신에게 더 많은 기회가 주어지고 또 다른 고객과의 관계가 만들어지며 당신의 목표 달성에 큰 도움을 주기 때문에 좋은 매너와 대화법을 훈련해야 하는 이유다. 열심히 자기를 홍보하는 것보다 효과가 뛰어난 것은 당연하다.

매너와 대화법을 갖춘 영업인의 첫 번째 경쟁력이 호의적인 평가를 넘어 또 다른 고객과의 관계를 만들 수 있다는 것이라면, 두 번째 경쟁력은 대화법(커뮤니케이션 능력)이다. 우리는 골프를 배울 때 상체를 덤벼 세게 공을 맞히려고 한다. 골프를 쳐 본 사람이라면 잘 알겠지만, 힘을 주면 줄수록 뒤땅과 슬라이스 등 똑바로 그리고 멀리 보낼 수 없다.

상체에는 최대한 힘을 빼고, 하체 회전이 먼저 되면서 상체는 자연스럽게 따라와야 한다. 임팩트 순간에 공이 맞으면서 똑바로 그리고 멀리 보낼 수 있다. 힘을 정확히 쓰는 구간과 빼는 방법을 알아야 한다. 훈련과 연습이 필요하다. 영업현장에서 사용하는 매너와 대화법도 같다.

영업이란 사람과 사람의 연결에서 기회가 발견되는데, 다양한 방식과 각기 다른 생각과 개성을 가진 고객들에게 일일이 다 맞출 수도 없는 노릇이다. 최대한 성공확률을 높일 방법이 있으니, 이것이 바로 대화법이다.

대화법이란 질문하고, 경청하여 관계를 유지 및 발전시킬 줄 아는 능력을 말한다. 잘 통하면 조금 부족하더라도 서로 이해를 하게 되고, 시간과 비용 즉 들어가는 에너지 소모를 상당히 줄일 수 있다. 그렇게 줄인 에너지는 선택과 집중으로 성공적인 비즈니스의 성과, 목표 달성을 돕는다.

예를 들어, 고객을 상대할 때 고객의 현재 상황과 환경을 사전에 인지하여, 소중한 고객의 시간을 존중하며 도움을 주려고 노력하는 인상을 심어주게 되면 고객은 당신에게 호의적 태도가 생길 것이다. 잠재 고객에서 신규 고객으로 발전하고, 신규 고객에서 관리 고객으로 발전하게 되면서 조금씩 매출 상승에 도움이 되게 된다.

이는 단지 영업현장에만 해당하는 것이 아니라 인생을 살면서 좋은 관계를 유지하는 활동 전반에 필요한 것이다. 이런 대화법의 개념과 원리를 이해해야만 어떻게 질문하고, 행동하고, 경청해야 하는지 디테일을 이해할 수 있다. 대화법이라는 것은, 단순히 좋은 질문을 하고, 잘 듣는 것이 아니라 고객의 상황과 환경을 이해하며, '어떻게 하면 고객을 도와줄 수 있을까?', '어떻게 고객의 시간을 존중해줄까?'를 고민하는 것이다.

그런데도 우리는 고객을 만나 영업활동을 펼쳐 우리의 목표에 도달해야 하는 임무가 있다. 이렇게 각기 다른 다양한 고객을 상대하면서 공통으로 우리가 가져야 할 책임과 의무는 좋은 매너와 대화법임을 잊지 말자.

한번 내뱉은 말은 다시 주워 담을 수 있다

우리는 실수를 하게 되면 자책하거나 자존심이 떨어진다. 더 심하면 자존감이 낮아져 에너지 수준이 바닥을 치게 되는 사람도 있다. 사전적 의미로 실수는 다음과 같은 뜻이 있다.

실수

1. 조심하지 아니하여 잘못함. 또는 그런 행위.

2. 말이나 행동이 예의에 벗어남. 또는 그런 말이나 행동.

보통 사람들이 실수하는 경우는 언행(言行)으로부터 출발하는 경우가 대부분이다. 말이나 행동이 원인이 되어 실수라는 결과를 창조한다. 말에 대한 속담은 너무나 많다. '가는 말이 고와야 오는 말이 곱다.', '낮말은 새가 듣고 밤 말은 쥐가 듣는다.', '말 속에 뼈가 있다.', '말이 많으면 쓸 말이 적다.', '말 한마디에 천 냥 빚을 갚는다.', '발 없는 말이 천 리 간다.', '입은 삐뚤어져도 말은 바르게 하라.', '침묵은 금이다.', '말은 행동의 거울이다.'

말과 관련된 이러한 속담이 가지고 있는 내용은 잘 알고 있을 것이다. 그만큼 말과 행동의 중요성에 대해 강조하고 있다. 그런데도, 사람은 누구나 실수를 한다. 실수를 통해서 배우고, 성장할 수 있다. 오히려 실수를 장려하는 회사들도 주변에서 흔히 볼 수 있다. 실수했다고, 너무 자책할 필요 없다. 그럴 수도 있다. 오히려 지금 실수하는 편이 미래를 보았을 때 훨씬 더 좋은 결과를 가져오기도 한다.

'실수를 너무 두려워하지 말라.'라는 문장을 어디선가 본 적이 있다. 그렇다. 실수를 실패라고 착각하는 사람들이 많다. 절대 아니다. 실수는 실패가 아니다. 실수를 통해 배울 수 있으며, 더 크게 성장하는 디딤돌로 삼을 수도 있다. 여기서 중요한 부분이 있다. 같은 실수를 반복하면 안 되는 것이다.

영업부서에서 근무하는 팀원이 실수했다. 팀원은 실수를 즉각 인정하고, 사과했다. 그는 이어 이번 프로젝트 실수를 통해 깨달음과 배움이 있었다고 한다. 내용을 들어보았다. 다음에는 더 잘할 수 있을 것 같은 믿음이 생겼다. 또 다른 팀원은 프로젝트 실수를 한 후, 스스로 슬럼프에 빠졌다. 에너지 수준도 떨어져 보이고, 눈에 초점도, 힘도 없어 보인다. 말 수도 확 줄었다.

두 직원에 대한 코칭을 해야 한다. 만약 당신이 이 팀의 팀장이라면 어떻게 하겠는가?

사람들은 일을 기획하면서 모든 것이 잘 되길 바라는 마음과 믿음으로 시작한다. 하지만 믿음과 달리 마음대로 되지 않을 때도 있다. 보이지 않는 마음과 믿음은 보이는 그 사람의 말과 행동으로 드러난다. 나는 영업을 하면서 매우 중요한 것이 매너와 대화법이라고 말하는데, 매너라는 것은 '말'과 '행동'의 전체를 포함하는 의미다.

대화법은 '전달하는 행위' 혹은 '전달력'을 의미한다. 비즈니스를 하면서 고객의 마음을 얻는 것이 중요함은 두말할 필요가 없다. 그러나 마음을 얻는 것 자체가 쉬운 일은 아니다. 노력이 필요하다. 예를 들어 같은 내용을 누가 전달하는지에 따라 결과가 달라지는 경우를 주변에서 많이 볼 수 있다.

전달하는 방법도 중요하다. 어떻게 효과적으로 고객의 시간을 존중하며 내 의견을 전달할 것인가에 대한 문제이다. 보이지 않는 고객의 시간과 공간을 빼앗지 않는 것이 매너의 기본이고 수많은 영업사원이 간과하고 있는 문제이다. 내가 고객의 시간을 빼앗고 있지는 않은가, 고객의 공간을 침범한 것은 아닌가, 그런데 의아하지 않은가? 영업에서 이 부분이 왜 중요할까? 비즈니스란 결국 판매를 올리는 활동이다. 고객 측면에서 보면 영업인을 최대한 활용하여 자신의 이익을 증대시키기 위한 활동이다. 서로가 Win-Win 해야 한다면 기본적인 태도와 매너 그리고 대화법이 좋은 영업인과 비즈니스를 펼치고 싶지 않을까?

영업현장에서 기회를 발견하려면 고객과의 관계 형성에 늘 집중하고, 애쓰는 것이 좋다. 그게 매너를 지킨다는 것의 의미다.

우리는 영업현장에서 영업활동을 하면서 상황과 고객을 다양한 관점에서 보기도 하고, 직접적인 매출과 연관성의 유무에 대해서 살피기도 한다. 이런 비즈니스의 전 과정에 있어서 서툴거나 실수하는 일들이 있을 수도 있다. 실수의 원인을 분석하며 다음부터는 같은 실수를 반복하지 않기 위한 다짐을 하기도 한다.

영업부 입사 후 잠재 고객을 방문해 신규 고객으로 확보하였다. 이 고객은 까다롭고, 예민하여 영업사원이 해야 할 일과 하지 말아야 할 일에 대해 명확히 구분돼 있어 더욱더 조심하고, 신경 써야 하는 고객이었다. 난 그만 더 잘하려고 하는 마음과 달리 고객이 싫어하는 즉 하지 말아야 할 일을 저질렀다.

눈앞에서 내 제품이 타 경쟁회사 제품으로 넘어가는 게 보였다. 지금 생각하면 그 당시 정말 힘들었던 기억이 난다. 하지만 뭐 어쩌겠는가? 실수해도 괜찮다. 중요한 건 같은 실수를 반복하지 않으면 된다. 실수를 통해 나도 더 성장할 수 있었고, 배울 수 있었다. 내면이 더 단단해지는 과정이라 여기면 좋을 것 같다.

결국, 우리는 회사와 고객들이 필요로 하는 가치를 창조하는 일을 하는 것이고 그 일 속에서 수많은 어려움과 실수 그리고 인내 속에서 또다시 성장하고, 발전하고, 성숙하는 자신을 발견할 수 있다. 영업하면서 최고 좋은 연봉과 복지 혜택을 받으며 회사에 다닐 수 있는 건 영광이고, 감사한 일이다.

이러한 환경에서 전국 영업 1등을 할 수 있었던 것 또한 무척이나 영광스럽고, 감사한 일임이 틀림없다. 1등을 할 수 있었던 중요한 원인 중 대표적인 것 하나를 꼽자면 바로 고객이 다른 고객에게 나를 소개하는 일이었다. 현장에서 내가 잘하면 고객은 다른 고객에게 나를 소개해주는 일이 반복되면서 내 매출은 고공행진을 할 수 있었다.

그렇다면 고객은 왜 나를 다른 고객에게 소개해주었을까?

사실 제품은 다 비슷비슷하다. 결국은 디자인과 마케팅, 홍보에 따라 이미지와 브랜딩이 결정되는 경우가 많다. 비슷한 제품인데 고객은 경쟁사 제품을 사용하지 않고, 왜 내가 판매하는 제품을 사용하며 또 다른 고객에게 소개해주는지에 대한 궁금함이 생겼다. 영업현장에서 고객에게 최대한 예의를 갖춰, 매너 있는 행동과 말투로 대한 부분이 유효했다는 사실을 고객에게서 듣게 되었다.

그렇다. 매너는 사람의 이미지와 브랜딩을 만드는 데 상당히 중요하다. 거기에 잘 질문하고, 잘 들어주면 금상첨화다. 대화법이 좋은 사람들의 특징은 다음과 같다.

- 상대의 마음을 알아봐 준다
- 경청과 공감이 탁월하다
- 예측하지 않는다
- 진실하게 이야기한다
- 가르치지 않는다
- 하고 싶은 말이 아니라 상대가 듣고 싶어 하는 말을 한다
- 나를 내려놓는다
- 격려, 칭찬, 인정하기에 탁월하다

대화법 또한 훈련과 교육이 필요하다. 절대로 그냥 얻어지는 것이 아니다. 매너와 대화법으로 똘똘 뭉친 영업 고수는 실수해도 너무 크게 생각하지 않는다. 대화법을 극대화하기 위한 매너로 위에 언급한 대화법이 좋은 사람들의 특징에 대한 공부를 시작하기 바란다.

형식과 명분을 버리고 본질을 이해한다

최근 교회 청년들에게 리더십에 대한 특강을 진행한 적이 있다. "리더란 무엇인가?"에 대한 질문을 던졌다. 리더가 해야 할 일은 리더십을 발휘하는 것이다. 사전적 의미의 리더십(Leadership)은 공동의 일을 달성하려고 한 사람이 다른 사람들에게 지지와 도움을 얻는 사회 영향 과정이다.

Leader는 끌다, 이끄는 행위를 말하며 Ship은 배를 말한다. 보통 리더십을 배에 비유하기도 한다. 배를 이끄는 사람을 선장이라고 한다. 그만큼 리더십은 조직, 공동체 생활에서 매우 중요한 부분이다. 가만히 생각해보자. 배는 풍랑 없이 잔잔할 때는 아무런 일이 없는 것처럼 느껴진다.

리더의 능력이 언제 발휘되냐면 비바람이 몰아칠 때, 풍랑이 심할 때 리더의 역할이 정말 중요하다. 다양한 요소 중 한 가지만 말하자면 위기가 닥칠 때 리더가 팔로워들과 관계를 잘 형성하고 있으면 위기를 잘 극복할 수 있다. 평소에 잘해야 한다는 말이다. 그래야 뭔가 전달을 했을 때 팔로워들이 움직이게 된다.

평소에 잘하지도 못하면서 위기가 왔다고 지시하고, 명령한다고 말을 들을까? 절대 아니다. 지금 이 책을 읽고 있는 당신의 생각으로 리더십을 정의해본다면 어떻게 표현할 수 있는지 잠시 생각해보자.

"나는 리더십을 ____________________ 이라고 생각한다. 왜냐면?"

특강에 참여한 청년들의 답변을 함께 확인하며, 생각해보는 시간을 가져보면 좋을 것 같다.

민서: 저는 동료라고 생각합니다. 결국에는 함께해야 하기 때문입니다.

호진: 저는 내비게이션이라고 생각합니다. 리더십이란 항상 최적의 좋은 길로 인도하는 것이라고 생각하기 때문입니다.

재영: 저는 서핑보드라고 생각합니다. 서핑을 해 보진 않았지만,

결국에는 파도가 보드를 밀고 가는 형태입니다. 내가 하는 것 같지만 결국에는 주변에서 함께 해야 앞으로 나가는 것이라고 생각합니다. 나는 중심을 잘 잡고, 균형을 맞춰가는 역할을 하는 것 같습니다.

은혜: 숲을 보는 사람이라고 생각합니다. 나무보다는 장기적인 관점으로 전체를 아우르는 포용력과 다양성을 갖추는 것으로 생각합니다.

병천: 다양한 색깔이라고 생각합니다. 왜냐면 다양한 컬러가 존재하듯 개인마다 맞는 리더십이 다를 것이고, 사람마다 성격과 유형이 다르므로 그렇게 생각합니다.

진호: 저는 오케스트라(지휘자)라고 생각합니다. 다양한 악기의 조화로움과 균형을 맞추는 중요한 일이라고 생각하기 때문입니다.

리더십을 학문적, 이론적 정의로 살펴보면 구성원들이 무엇을 어떻게 수행할 것인가를 이해하고 수용하도록 영향력을 행사(Influencing)하고, 공동의 목적이 달성되도록 개인적, 집단적 노력을 촉진(Facilitating)하는 과정이다. 여기서 중요한 단어가 바로 영향력이다. 영향력이란, 어떤 사람의 효과나 어떤 사물의 작용이 다른 곳에 미치는 힘. 또는 그 크기나 정도를 말한다.

권력은, 남을 복종시키거나 지배할 수 있는 공인된 권리와 힘을 말한다. 특히 공권력. 국가나 정부가 국민에 대하여 가지고 있는 강제력을 의미한다. 권력을 가진 사람의 독단적인 선택인가? 아니면 따르는 사람의 자발적인 선택인가? 나는 이렇게 생각한다. 리더가 되기 위해서 해야 할 일은 영향력의 원을 점점 더 발전시키고, 키워나가는 것이 중요하다.

리더십 관련 연구논문을 살펴본 결과, 다양한 리더십의 특성 중 가장 효과가 있는 리더십은 무엇일까? 특성, 행동, 권력, 관계, 카리스마, 상황, 조직변화 등 이 중에서 어떤 리더십이 가장 효과적이고, 팔로워들에게 자연스럽게 영향을 줄 수 있었을까? 바로 관계(relationship)이다.

자, 한번 생각해보자. 우리가 인생을 살면서 수많은 선택의 순간들이 온다. 선택에 있어 누군가에게 조언을 받는다고 가정하자. 한 사람은 미국의 유명한 박사 출신의 학자이다. 하지만 나와는 모르는 사이다. 혹은 나와 가장 가까운 친구와 동료가 나한테 조언을 한다고 하면 누구 말을 들을 것인가?

보통 나와 친한 사람의 말을 듣게 되어 있다. 나와 관계가 형성되어 있으므로 그렇다. 내가 누군가에게 영향력을 행사하고 싶으면 그 사람과 관계를 맺어야 하고, 친해져야 한다. 이런 노력과 과정이 필요하다. 실질적인 연구논문 결과도 그렇다. 영업도 마찬가지이다. 고객과 좋은 관계 형성이 우선이다.

이게 영업의 본질이다. 하지만 어리석은 사람은 위치와 신분 그리고 상황 우위에 있다는 조건을 내걸고, 본질을 이해하기보다는 형식과 명분을 내세운다. 참 안타깝다. 상대가 듣는 척은 할 것이다. 하지만 진심을 확인하는 것은 이미 물 건너갔다는 사실을 깨달아야 한다. 한 가지 방법이 있기는 하다.

형식과 명분을 내려놓으면 된다. 본질을 이해하기 위한 노력의 과정이 필요하다. 하지만 말처럼 쉽지 않다. 그동안 살아온 습관과 태도가 형성되어 있어서 본인의 협소한 판단과 착각 그리고 오만으로 가득 차 있다. 사람은 잘 변하지 않는다. 쉽게 바뀌지도 않는다. 그런데도 변화되고 싶은 이 책을 읽고 있는 독자가 있다면 연락해주기 바란다.

변화될 수 있도록 내가 조금이라도 도움이 된다면 함께 고민하고, 생각하고 도움을 주겠다.

공자, 위정편 4장에 이런 글이 나온다. 2500년 전 공자는 그의 인생을 다음과 같이 정의했다. 이 글을 보고, 너무 마음에 와 닿아 공유하고자 한다.

◆ 내 나이 열다섯에, 사람의 마음이 성장하기 위해서는 배워야 한다는 것을 깨달았다.

◆ 서른 살이 되어서는 인생의 방향이 겨우 보이기 시작했다.

◆ 마흔 살쯤에는 인생의 목표가 확고해짐에 따라 망설임이 사라

졌다.

◆ 쉰 살에는 '내 인생은 혼자만의 것이 아닌 타인을 위한 것이기도 하다'는 사명감을 가지게 되었다.

◆ 예순이 되니 나와 다른 인생관을 가진 사람을 만나도 '이런 삶의 방식도 있구나'라고 이해하며 반하지 않게 되었다.

◆ 그리고, 일흔이 되니, 나의 욕망이 타인에게 전혀 피해를 주지 않게 되었다. 그래서 원하는 대로 자유롭게 살아도 세상의 규칙을 어기지 않게 되었다.

청년들에게 특강을 진행하며 나는 배우고, 깨닫는 것이 너무도 많다. 청년들이 말하고자 하는 본질을 공감하고, 이해하기 때문이다. 평생교육이라고 한다. 배움은 어린아이에게도 배울 수 있고, 나보다 나이가 적어도 배울 수 있다. 숫자에 불과한 나이가 많다는 이유로, 직급이 높다는 이유만으로 상대를 낮게 보고, 무시한다면 당신은 더 이상의 성장과 성숙 그리고 성공은 없을 것이다.

누구에게나 배울 수 있으며, 형식과 명분을 버리고 본질을 이해하고, 탐구하기 위한 노력에 집중하길 진심으로 바란다.

목표와 긍정적인 사고가 대화법의 핵심이다

기업에서 또는 영업현장에서 직원들과 고객들에게 지속 가능한 성과 창출을 내기 위해서 우리가 해야 할 일은 무엇일까? 결국은 영향력에 대한 부분인데 이 영향력의 원을 키우기 위해서는 세 가지가 핵심 목표이다. 첫째는 인정과 칭찬이다. 인정(認定)이란, 사람의 태도, 품성, 가치관 등을 콕 짚어서 말해주면서 그 사람의 존재(Being)를 알아봐 주는 것이다. 칭찬이란 상대방이 이루어낸 성과를 즉시, 구체적으로, 간결하게 축하해주는 것이다.

대표적인 인정단어는 다음과 같다.

[인정단어]

감사 / 배려 / 겸손 / 사랑 / 끈기 / 존중 / 협동 / 도움 / 확신 / 신용 / 화합 / 헌신 / 자신감 / 활기 / 재미 / 긍정 / 조화 / 친절 / 사려 / 인내 / 근면 / 슬기 / 신중 / 결의

둘째는 구체적인 목표와 긍정적인 사고를 갖춘 영업사원들은 무엇보다 그 누구보다 상대의 이야기에 귀를 열고, 온몸으로 경청하는 자세를 갖추고 있다. 잘 들어야 대화가 통한다고 상대는 생각하고, 느낄 수 있다. 조직의 리더라면 경청이 중요하다는 사실을 잘 알고 있다. 하지만 실제로 그들과 대화를 나누다 보면 너무 답답하다.

경청이 중요하다고 말하고, 알고 있지만 알고 있는 사실을 몸으로 직접 표현하지 못하는 리더를 만날 때 답답한 마음을 느끼곤 한다. 영업에서 구체적인 목표와 긍정적인 사고는 대화법의 핵심 기술이다. 여기에 경청의 자세를 갖춘다면 최고의 영업사원이 된다. 그렇다면 어떤 경청 자세를 취해야 할까?

- 몸은 말하는 사람과 정방향이 되게 앉는가?
- 대화 중에 말하는 사람의 얼굴에 집중해 주고 있는가?
- 33개의 척추를 바르게 하고 앉는가?
- 다리를 꼬거나 배를 쭉 내밀고 앉아 있지는 않은가?

- 얼굴 근육을 인식하는가?

- 입 꼬리 당김 근육에 살짝 힘을 주어 웃는 표정을 하고 있는가?

- 팔짱을 버릇처럼 끼고 있지는 않은가?

- 상대의 이야기를 들으면서 끼어들거나 말을 끊으려고 하지는 않은가?

- 상대의 이야기를 들으면서 내가 해야 할 말을 생각하고 있지는 않은가?

- 상대의 이야기에 온전히 집중하고 있는가?

이 부분이 상당히 중요하다. 지금까지 몰랐다면 위 내용을 꼭 숙지해서 실행하길 바란다. 바로 교육의 효과이다. 책을 읽는 것도 교육이다. 배워야 목표도 정할 수 있고, 배워야 긍정의 마음으로 나아갈 수 있다. 대화법 또한 배워야 활용할 수 있다. 잘 배워서 꼭 써먹길 바란다. 온전히 흡수해서 내 것으로 만드는 힘이 필요하다.

또한, 오해를 제거하는 경청기술에서 복사기 화법이라고 있다. 매우 중요하다. 영어로는 Re-storytelling, Paraphrasing, Backtracking이라고도 한다. 똑같은 말을 되풀이해서 공감을 이끌 수 있다. 상대가 요즘 지치고 힘들다는 표현을 했다고 하자. 복사기 화법을 사용하면 "요즘 지치고, 힘들구나" 이렇게 공감을 해주는 거다. 쉽게 누구나 활용할 수 있다. 셋째는 목표와 긍정적인 사고를 갖춘 영업사원들의 대화법을 보면 상대에게 이런 질문을 자주 사용한다. 바로 생각 전환 질문이다.

Implication
"그것은 어떤 의미인가요?"

상대가 뭔가 얘기를 했다고 가정하자. "어, 그거 어떤 의미야?", "지금 말씀하신 부분은 어떤 의미에요?" 이런 질문의 대화법은 영업을 잘하고 싶은 사람이라면 자주, 편하게 활용하면 좋을 것 같다. 정리해서 말해보자면 인정과 칭찬, 경청, 질문을 통한 상대에게 지속해서 관심을 표현하고, 소통하기 위해 노력하는 대화법을 통해 지속 가능한 성과 창출을 이루길 바란다.

모든 것의 시작과 시발점은 바로 관심을 두는 일이다. 영업에 관한 관심, 비즈니스에 관한 관심, 리더십에 대한 관심을 가져야 한다. 매번 책을 집필하면서 말하는 부분이지만 항상 시작점은 '자신, 나'라는 사실을 잊어서는 안 된다. 지금 이 책을 읽고 있는 독자 여러분들은 현재 여러분 자신에게 얼마나 큰 관심을 쏟고 있는지 묻고 싶다.

결국, 대화법이 좋은 영업 고수들의 특징은 뚜렷한 목표와 긍정적인 사고를 바탕으로 나를 잘 표현하기 위해 끊임없이 배우고 도전하는 사람들이다. 대화법이 좋은 영업 고수들은 [표정], [눈빛], [자세], [태도]가 다르다. 상대의 마음을 움직이는 말과 행동으로 상대방의 머릿속에 남는 우리가 되어야 한다.

잠시 다음 세 가지 질문에 답해보고, 이어서 책을 읽어나가면 좋을 것 같다.

- 지금까지 책을 읽으면서 새롭게 자각한 것은 무엇인가?

- 앞으로 영업을 할 때 꼭 활용해보고 싶은 것은 무엇인가?

- 앞으로 여러분들의 위치와 상황에서 뭔가를 할 때 꼭 활용해보고 싶은 것은 무엇인가?

나는 비즈니스 현장에서 기업 영업부 직원들 대상으로 대화법에 대한 특강을 자주 진행하고 있다. 공통으로 나오는 직원들의 답변을 참고해보는 것도 여러분들에게 도움이 될 것 같아서 소개하고 싶다.

- "일과 함께 사람의 감정, 느낌, 마음을 터치할 수 있는 대화법을 해야겠습니다."

- "대인관계, 상대방과의 소통에 대한 고민이 많았는데 결국 나를 돌아보고, 상대에게 더 관심을 가져야겠다고 느꼈습니다."

- "사실 지금까지 살면서 대화법에 대해 생각해본 적이 없었습니다. 매우 중요하다는 사실을 배울 수 있었습니다."

- "공감에 관한 관심이 많이 생겼습니다."

- "칭찬과 인정에 인색한 편이었는데 자주 표현을 해야겠다고 느꼈습니다."

대화법 또한 비즈니스 매너의 중요한 사실임을 알게 되었다. 대화법도 교육과 훈련을 통해 학습할 수 있다는 사실을 잊지 말아야 한다. 대화법이 좋은 영업 고수는 구체적인 목표가 있고, 긍정적인 사고의 습관과 태도를 유지하는 탁월한 리더이다.

당신은 탁월한 리더인가?

제발 혼자 끙끙거리지 말아야 한다

비즈니스 현장에서 영업하면서 지속해서 느끼는 부분은 주변에 대단한 사람들이 정말 많다는 것이다. 그들은 끊임없이 노력하며, 스스로에 대한 개발과 발전에 대해 질문하고, 답하면서 현재 상황보다 더 나은 미래를 향해 나아가는 사람들이다. 이들에게는 늘 하나의 공통점이 발견된다.

바로 각자의 상황과 환경에 대한 고민이 있다는 것이다. 옆에서 보면 부러울 것 없이 잘 나가는 것처럼 보이지만 나름대로 각자의 고민으로 살고 있다는 사실을 알 수 있다. 누구에게나 멘토와 스승이 있다. 더 나아지기 위해 혼자가 아닌 전문가와 함께 손을 잡고 문제나 이슈 해결을 위해 노력하는 과정 자체에 큰 힘이 있다.

나는 10년 전에 골프를 시작했다. 이제는 제법 잘 치게 되었다. 고객과의 관계를 유지 및 발전시키기 위해 시작한 골프는 삶의 일부분이 될 만큼 즐기고 있는 스포츠가 되었다. 지금도 나는 일주일에 두 번씩 프로에게 레슨을 받고 있다. 주중에는 일, 학업, 책을 쓰고 읽고, 세 아들과 시간을 보내야 하기에 주말에 시간을 내어 레슨을 받는다.

레슨을 받기 위해서는 시간뿐만 아니라 비용도 든다. 나를 위한 투자를 지속하는 것이다. 프로에게 레슨을 받으면서 나의 템포나 스윙 스피드 등 올바른 자세로 골프를 즐기기 위해 전문가에게 도움을 요청한 것이다. 혼자서 해도 되지만 전문가에게 손을 내밀게 되면 그만큼 시간을 더 벌게 되는 효과를 종종 느낄 수 있다.

독학으로도 해결할 수 있지만, 이는 결국 더 많은 시간과 비용을 지급해야 하는 경우를 주변에서 너무 많이 볼 수 있고, 나 또한 경험했기에 잘 알고 있다. 전문가의 도움을 받는 편이 훨씬 더 이롭다는 것을 말이다. 영업도 마찬가지이다. 영업을 잘하고 싶다면 영업을 잘하는 전문가에게 배우면 더 빠르고, 정확하게 원하는 방향으로 나아갈 수 있다.

비즈니스에서 너무 중요한 매너와 대화법도 전문가에게 도움을 요청하길 추천한다. 찾아보면 주변에 다양한 분야의 전문가가 많이 있다. 나와 코드가 맞는 전문가를 찾아서 주어진 시간을 최대한 효과적으로 사용해야 더 빠르게 성공으로 갈 수 있다. 행복한 인생을 즐길 수 있는 좋은 방법이다.

비즈니스 미팅이나 영업을 할 때 혼자 열심히 하는 사람은 하수다. 그 이유는, 혼자 하는 그것이 함께하는 것보다 성과가 훨씬 적고 효과도 떨어지기 때문이다. 혼자 열심히 하는 것보다 함께 준비해서 나눠서 하는 편이 더 믿음을 준다는 뜻이다. 과정 속에서 관계가 형성되기에 중요한 부분이다. 그중에서도 가장 좋은 관계를 갖추어야 하는 사람은 누구일까? 바로 나의 매니저다.

나는 영업을 잘하고 싶다는 사람들에게 매니저(상사)와 좋은 관계를 먼저 갖추라고 늘 말한다. 그뿐만 아니라 회사 밖에서도 매니저와 함께 보낼 수 있는 시간 활용에 대한 방법을 공유한다. 비즈니스는 타인과 상호작용하는 일의 연속이다. 특히 영업은 더 그런 분야이다. 사람은 나이, 직급, 남녀노소를 막론하고 상당히 감정적이며, 특히 일보다는 사람에게 무의식적으로 더 집중하며 신경을 쓴다.

일은 내가 제어할 수 있는 영역과 그렇지 못한 영역을 구분하여서 하면 된다. 매니저와의 관계가 좋거나 타인과의 상호작용이 탁월한 사람은 일을 조금 못하더라도 높은 점수를 받는다. 매니저와의 관계가 좋다는 말은 아부를 잘하라는 뜻이 아니다. 현재 위치와 상황에 맞게 매니저와의 좋은 관계를 맺기 위한 노력, 과정 자체가 비즈니스에 도움이 된다.

결국, 상황에 맞게 하라는 얘기다. 눈치를 잘 챙기고, 센스(감각)를 키우라는 것이다. 하지만 가장 중요한 점검 사항은 편하게 말하고, 행동하되 최대한 예의를 갖춰야 한다. 왜냐고? 좀 극단적인 비유지만, 아무리 일을 잘한다고 하더라도 예의가 없어 매니저와의 관계가 틀어지면 결국 부러지기 때문이다. 너무 강하면 부러지게 되어 있다. 불변의 법칙이다. 그냥 외워라.

요즘 잘 나가는 영업 고수들을 보면 매니저와의 관계가 정말 좋은 것 같다. 문제는 함께 근무하는 동료들의 시기와 질투를 받을 수 있다는 것인데 골고루 잘 지내기 위한 노력을 해야만 한다. 이미 매니저와의 관계가 틀어진 경우라면 어느 정도의 성의는 보여야 한다. 적어도 지금 다니고 있는 회사에서 계속 근무하기 위해서는 말이다.

이직을 생각한다고 해도 동종 업계의 경우는 다른 회사를 가더라도 연결되는 경우가 대부분이다. 생각보다 업계는 너무 좁고, 아이러니하게 우리 회사 소식은 경쟁회사에서 더 빠르게 아는 경우도 많이 있다. 그래서 더 겸손하게 누구에게나 배운다는 태도로 나간다면 훨씬 멋지게 보이지 않을까?

비즈니스에서는 언제 어떤 인연을 만날지, 소개받을지도 모른다. 늘 자신의 매니저와의 좋은 관계를 유지해야만 하는 이유이다. 매니저와의 좋은 관계를 맺어도, 제대로 관리하지 못하면 말짱 도루묵이 된다. 좋은 관계를 맺는 것만큼 유지 및 발전시키는 게 중요한 상황이 많다. 그저 형식적인 관계가 아니라 실질적인 관계로 나아가는 것이 원칙이다.

나의 매니저는 이 업계에서 경력도, 실력도 인정받은 전문가이다. 매니저와 실질적인 관계를 발전시키기 위해서는 세 가지 원칙을 지키면 된다. 첫째, 나의 매니저는 매주 시장 상황과 환경에 대한 정보를 늘 보고받기를 원한다. 둘째, 내가 이번 분기에 집중하는 업무 방향과 계획에 대해 공유받기를 원한다. 셋째, 누구보다 외롭고, 고독한 사람이라는 사실을 알아야 한다.

나의 매니저는 매주 시장 상황과 환경에 대한 정보를 늘 보고받기를 원한다고 했다. 왜 그럴까? 그분의 역할이고, 책임이며 회사에서 월급을 받는 이유이기 때문이다. 어떻게 하면 비즈니스 관련하여 그분을 편안하게, 걱정하지 않게 해야 할까? 그 부분의 고민과 생각을 잘 정리하여 리포트 형식으로 보고하는 것이 나의 역할이고, 책임이며 회사에서 월급을 받는 이유라는 사실을 명심해야 한다.

그분은 그의 상사에게 우리의 업무 상황과 환경 그리고 요청사항 등에 대한 전체적인 내용을 보고해야 한다. 이러한 보고를 편하게 해드리기 위해 나는 내가 이번 분기에 집중하는 업무 방향과 계획에 대해 구체적으로 전달해야 한다. 이 부분을 소홀히 하면 회사 생활은 힘들어진다.

마지막으로 나의 매니저는 누구보다 외롭고, 고독한 사람이다. 원래 그렇다. 리더는 힘들고, 고통스럽고, 외로움을 잘 견뎌낼 수 있어야 한다. 왜냐고? 리더의 자리가 그런 자리이기 때문이다. 조직 및 공동체에서 직급이 올라갈수록 고독하고, 외롭다. 이런 사실을 알고 있는 매너 있는 영업 고수는 어떻게 하면 나의 매니저를 잘 보좌할 수 있을까를 고민한다.

우리가 우리의 리더를 잘 챙기지 못한다면 누가 챙겨줄까? 결국, 전체적인 팀 분위기와 관계는 내가 만들어가는 과정이지, 그 누구도 만들어 주지 않는다. 이 부분이 바로 함께 일하는 동료 및 매니저(상사)에게 좋은 매너를 갖춘 사람임을 어필하는 것이다. 혼자 잘 나간다고 우쭐댈 필요도 없고, 다소 부족하다고 주눅들 필요 없다.

어떤 일이든, 어떤 환경이든 혼자서는 절대 할 수 없다. 모든 일은 사람과 사람 사이에서 일어나며 성과도 함께 협업해야만 더 오래도록, 멀리 갈 수 있는 것이다. 그러니 제발 두 번 다시는 혼자 끙끙거리지 말고, 누구보다 나를 더 잘 알고 있는 나의 매니저와 협업하기를 간절히 바란다.

Chapter 4.

시기와 질투에서 벗어나기 위한 매너

시기와 질투를 피하려면 대화법 재점검이 필수

영업현장에서 고객에게 제품 관련 디테일을 하거나 회사 관련 규정 및 내용을 전달할 때 고객이 나에 대한 좋은 감정이 있으면 전달하는 내용이 다소 부족하더라도 고객과의 충분한 소통이 이루어질 수 있다. 나에 대한 고객의 좋은 감정이 작용하기 때문이다. 많은 말을 하지 않아도 고객은 공감하게 된다.

반대로 고객에게 전달하는 내용이 아무리 충분하더라도 고객과의 충분한 소통이 이루어지지 않는 예도 있다. 왜 그럴까? 고객이 나에 대해 좋은 감정이 있지 못하기 때문이다. 결국, 고객과의 소통이 잘 이루어지기 위해 선행되어야 할 한 가지는 고객이 느끼는 나에 대한 감정을 관리하는 일이다.

이 부분은 절대 한 번에 만들어 낼 수 없다. 시간이 걸리는 작업이고, 평소에 내가 고객에게 어떤 말과 행동을 보여주었는지에 대한 결과이다. 여기서 말은 대화법이고, 행동은 비즈니스 매너와 연관이 높다. 대화법이라는 것은 뭘 의미하는 것일까? 대화법은 크게 4가지로 분류된다.

1. 잘 말하고, 잘 듣는 것
2. 상황과 환경에 맞는 센스를 발휘하는 것
3. 말의 억양, 크기, 내용을 포함하는 것
4. 치고, 빠지는 부분을 정확히 아는 것

대화할 때 잘 말하고, 잘 들어주는 것은 매우 중요한 역량이다. 자기 말만 하고, 상대가 이야기할 때 딴 짓을 피우거나, 다음에 자기 할 말만 생각하는 사람들을 보면 정말 답답하다. 그야말로 불통의 표본이다. 말은 보이는 부분이고, 그 이면에 보이지 않는 내면의 소리가 있다.

내면의 소리를 느끼기 위해서는 주변에서 일어나는 상황과 환경을 잘 파악할 필요가 있다. 상대가 지금 나의 이야기를 잘 들어줄 충분한 여유가 있는 상황인지, 상대가 지금 나와 어떤 이야기를 나누고 싫어 하는지, 상대의 기분과 감정을 눈치 있게 파악하는 것이 중요하다. 파악이 덜 되었다면 침묵하는 것이 오히려 낫다.

말의 내용만큼 중요한 부분이 높낮이, 크기이다. 톤&매너라고 하는 부분인데 흔히 목소리라고 하는 부분을 생각해보자. '저 사람 목소리 좋다.', '아나운서 같다' 등의 이야기를 듣는 사람들을 가만히 생각해보자. 마지막으로 옷을 상황에 알맞게 입어야 하는 T.P.O에 대해 들어보았을 것이다. 시간(Time), 장소(Place), 상황(Occasion)에 따라 패션업계가 마케팅 세분화 전략에 의해 강조한 용어이다.

대화도 마찬가지이다. 치고, 빠지는 부분을 정확히 알고 있느냐 그렇지 못하느냐에 따라 고객은 영업사원의 능력을 평가한다. 실제 현장에서 빈번하게 일어나는 일이니 위 4가지에 대해 반드시 명심하길 바란다. 결국, 고객의 마음을 얻는 다양한 요소 중 중요한 한 가지는 바로 '말 한마디'에서 차이가 난다.

현재 나는 고객에게 어떤 상황에서 어떤 말로 나의 제품을 팔기 위해 노력하고 있는지 생각해보면 좋겠다. 고객도 별나라에서 온 손님도 아니고, 결국 나와 동시대에 사는 사람이다. 너무 어렵게 생각하지 말자. 내가 상대에게 존중받고 싶은 대로 내가 상대를 존중해주는 것에서 출발한다.

다행스럽게도 고객이 나에 대한 좋은 감정을 가졌다면, 다음으로 신경 써야 할 부분이 바로 디테일이다. 예를 들면 다음과 같은 상황에 대해 구체적으로 살펴보자. 고객이 "오늘 몇 시 도착이세요?"라고 물어봤는데 "점심 이후에 도착할 것 같습니다."라고 대답한다. "요청한 자료에 대해서는 언제까지 받을 수 있을까요?"라고 묻는데 "지금 처리해야 할 업무가 많아서 좀 많이 늦을 것 같습니다."라고 대답한다.

이런 식으로 답변하는 영업사원들과 일하면 고객은 아주 답답하다. 고객이 질문하는 것은 자신의 일정 조율과 함께 명확하게 스케줄 관리를 해야 할 필요성이 있기 때문이다. 그러니 대답할 때는 '나의 일정이 중요한 만큼 고객의 일정을 충분히 고려하고 있는 걸까?'를 미리 생각해봐야 한다.

꼭 정확하게 맞추지 못하더라도 질문하는 고객의 의도에 명확하게 반응해야 한다는 의미이다.

고객: "오늘 몇 시 도착이세요?"

영업사원: "점심 이후 2시에 도착할 것 같습니다. 시간 괜찮으신지요?"

고객: "요청한 자료에 대해서는 언제까지 받을 수 있을까요?"

영업사원: "늦어도 다음 주 월요일까지 전달 드릴 수 있습니다. 괜찮으신지요?"

정도의 대답은 해주어야 한다는 것이다. 또 다른 예를 들어보자. 고객이 "다음 주에 팀장과 함께 자리하고 싶은데 언제 가능할까요?"라고 말했다면 이것은 내게 그리할 의사와 팀장 일정 및 시간이 가능한지를 물어보는 의미와 함께, 팀장에게 물어보라는 의미도 함께 들어 있는 것이다.

그러니 "팀장은 너무 좋다고 하십니다. 다음 주 수요일 빼고는 괜찮다고 하는데 월, 화, 목, 금 중 가능한 일정 한두 개 주시면 팀장한테 물어보고 일정 잡겠습니다."라고 답변하는 것이 디테일하고, 명확한 대응이다.

결국, 비즈니스매너와 대화법이 좋은 영업 고수들은 내가 상대에게 존중받고 싶은 마음 그 이상으로 상대를 대하는 방법을 잘 알고 있다. 또한, 다름이 아닌 다양성에 대해 인정하고, 공감하는 능력이 출중한 사람들이다. 나와 다름을 인정하고, 세상에는 무궁무진하게 다양한 사람들이 존재한다는 사실을 인지한다.

사람마다 말과 생각이 다르다는 것을 잘 알고 있고, 어떻게 하면 서로 다른 혹은 다양한 말과 생각 중에서 아주 작은 부분이라도 공통점을 형성할 수 있을까를 진지하게 고민하는 사람이다. 위에서 말한 것처럼 결국은 '말 한마디'이다. 정말 중요한 부분이다. 반대의 경우를 보자.

내 기분과 감정에 치우쳐서 나와 다른 말과 행동을 보이는 상대를 무시하고, 반응조차 하지 않는다면 누구와도 소통하기 어려울 것이다. 결국, 부메랑이 되어 자신에게 큰 피해가 온다는 사실을 알아야 한다. 이미 영업은 끝난 것이다. 사람은 쉽게 변하지 않는다. 살아보니 정말 그렇다.

사람 쉽게 안 바뀐다. 그 사실을 알고, '말과 행동을 어떻게 할 것인가?'를 먼저 고민하자. 누구에게나 배울 점이 있다. 잘하고 있는 사람에게는 '나도 저렇게 해야지'라고 배운다. 잘하고 있지 않은 사람에게는 '나는 저러지 말아야지'라며 또 배운다. 자신만 옳고, 독불장군식이라면 그 누구라도 좋아할 사람이 없다.

다시 한 번 강조하지만 결국은 '말 한마디'이다.

고객의 불만은 매너를 보여줄 기회다

신규 고객을 확보하기 위해 고객과의 첫 대면에서 가장 중요한 부분은 무엇일까? 처음 만나는 자리에서 고객에게 호감 있는 인상을 심어주는 게 가장 중요하다. 학창 시절에 설레는 마음과 기대감을 갖고 소개팅 자리에 나갔던 적이 있었다. 상대와의 첫 만남에서 기대했던 마음과 달리 실망을 안고 돌아온 날이 기억난다.

이와는 반대로 인사를 나누기도 전에 '와, 너무 괜찮다!'라며 가슴이 설레었던 적도 있었다. 어떤 기준으로 이렇게 마음이 나뉘었을까? 바로 첫인상이 좋았기 때문이다. 이처럼 고객에게 호감 있는 첫인상을 잘 심어주기 위해서는 평소에 큰 노력을 해야 한다. 대화하기도 전에 나의 좋은 느낌이 고객에게 전달되는 게 매우 중요하다.

앞에서도 말했던 거처럼 첫인상은 찰나의 순간에 결정되기 때문에 고객과의 첫 대면에서 어떤 인상을 주느냐가 앞으로의 영업활동에 깊은 영향을 끼친다는 점에서 볼 때 나의 장점을 살리고 좋은 감정과 느낌을 줄 수 있도록 관리해야 한다. 부단한 노력이 필요한 순간이다.

물론 첫인상만 좋다고 해서 영업이 잘되는 것은 아니다. 하지만 고객에게 호감을 주는 좋은 매너와 대화법은 나와 경쟁하는 수많은 영업사원과의 관계에서 우위를 선점할 수 있는 요소로 작용하기 때문에 중요하다. 예를 들어 우리가 자동차를 구매할 때 비슷한 가격과 성능이라면 디자인이 더 멋지고 느낌이 좋은 것을 선택할 확률이 높다.

결국, 고객에게 나의 능력을 보이고 기회를 얻으려면 첫인상. 매너와 대화법이 좋아야 한다. 이 책을 읽고 있는 당신은 영업과 연관된 일을 하는 사람일 확률이 높다. 당신이 만약 어떤 상품을 구매하기 위해 영업사원과의 첫 만남을 준비하고 있다고 가정해 보자. 당신 앞에 상품을 설명하기 위해 나타난 영업사원이 단정하지 못한 옷차림과 헝클어진 머리, 부정확한 발음의 떨리는 손을 보면 어떤 생각이 드는가?

아무리 좋은 상품이라 하더라도 그 영업사원에게 구매하고 싶은 생각은 들지 않을 것이다. 즉 직원의 매너와 대화법이 고객에게 호감을 주는 좋은 인상을 남긴다면 고객은 그 회사의 상품에 관심을 보이며 계약할 확률이 높아지지만, 직원의 인상이 좋지 않다면 평소에 관심 있었던 상품일지라도 관심도가 떨어질 확률이 높다는 얘기이다. 결국, 상대방에게 보여주는 자신의 매너와 대화법이 바로 신규 고객 확보로 연결되는 것이다.

심리학에 의하면 처음에 인식된 정보가 이후에 따르는 정보보다 인지자의 판단에 훨씬 강하고 큰 영향력을 준다고 한다. 이렇듯 같은 상황과 환경이라면 좋은 매너와 대화법은 영업사원이 반드시 가져야 할 습관이다. 좋은 매너와 대화법은 고객과의 관계를 발전시키고 당신의 영업에 힘을 보태는 중요한 부분임을 반드시 기억하길 바란다.

정보와 지식이 넘쳐나는 요즘 상품을 판매하는 영업사원들보다 고객들이 더 잘 알고, 똑똑하다. 이럴수록 영업사원의 좋은 매너와 대화법의 중요성이 더욱 커지고 있다는 사실을 명심하라. 따라서 자신의 경쟁력을 올리고 고객과 좋은 관계 발전을 위해서 매너와 대화법은 필수 조건이다.

그렇다면 좋은 매너와 대화법의 습관을 형성하기 위해서 우리는 어떠한 노력을 해야만 할까? 앞서 언급한 첫인상은 나의 목소리, 전달력 이전에 이미 결정이 된다. 바로 눈에 보이는 시각적인 부분이 최우선이다. 고객이 나의 옷차림, 외모, 이미지, 걸음걸이, 가방 등을 보는 짧은 순간, 극히 짧은 시간에 보이는 직관적인 느낌만으로 인상의 50% 이상이 결정된다고 하니 보이는 부분을 잘 관리할 필요가 있다.

외모도 경쟁력이라는 말이 있다. 평소에 잘 가꾸는 몸매와 외모만으로 자기관리를 잘하는 영업사원으로 고객에게 어필할 수 있다. 이게 현실이다. 성실함과 신뢰감까지 전달할 수 있으니 평소에 좋은 식습관과 운동으로 시간 활용을 효과적으로 해야만 한다. 매 순간 이런 모습이 자연스럽게 나올 때 고객은 여러분들을 훨씬 더 편안하게 느낄 것이다.

나의 이미지를 어떻게 관리하고 보여주느냐에 따라서 고객에게 미치는 영향은 '저 영업사원과는 대화를 해봐도 괜찮을 것 같다'라는 긍정적인 마음이 생기기도 하고, '저 영업사원은 별로일 것 같다.'라는 부정적인 마음이 생기기도 한다. 좋은 인상으로 고객과의 관계를 발전시키고 싶다면 좋은 첫인상 관리는 필수적이다.

물론 만날수록, 사람을 더 알면 알수록 매력 있고, 괜찮은 사람도 있다. 하지만 고객과의 관계 유지를 만들기 위해서는 고객이 영업사원을 보는 순간에 좋은 감정과 느낌이 들어야 관계를 발전시킬 수 있고, 영업사원이 느낌이 좋지 않으면 관계를 이어나가기 어렵다.

바로 이 부분이 포인트다. 고객이 느끼는 감정인 불만의 시작은 바로 영업사원과의 첫 만남에서 절반 이상 결정된다고 보면 된다. 나의 인상을 어떻게 관리하고 보여주느냐에 따라서 고객에게 미치는 영향은 만족이 되기도 하고, 불만의 시작이 되기도 한다. 좋은 인상으로 자신의 가치를 높이고 싶다면 인상 관리는 필수적이다.

남성과 여성 모두 가릴 것 없이 사람들은 소리에 민감한 편이다. 좋은 목소리를 가진 영업사원은 고객에게 안정되고 편안한 느낌을 줄 수 있다. 어떤 목소리로 고객에게 상품 설명을 전달하느냐에 따라서 고객의 만족도는 올라가기도 하며, 내려가기도 한다. 목소리는 영업사원이 관리해야 할 또 하나의 인상이다.

목소리를 연구하기 전에는 타고나는 것 그 이상도 이하도 아니라고 생각한 적이 있었다. 하지만 이제는 생각이 완전히 달라졌다. 우리의 목소리는 얼마든지 바꿀 수 있다. 어떻게 관리하고 신경을 쓰느냐에 따라 좋은 목소리가 되기도 하고, 아닐 수도 있다. 정확한 발음과 말의 톤&매너는 훈련을 통해 얼마든지 변화시킬 수 있다.

아나운서를 보자. 들으면 들을수록 더 듣고 싶고, 편안하고 안정되며 귀에 쏙쏙 박힌다. 수많은 연습과 훈련을 통해 다져진 결과라고 볼 수 있다. 물론 태어날 때부터 좋은 목소리를 가진 사람도 있을 것이다. 다만 현재의 환경과 상황에서 조금 더 좋아지려고 노력하는 태도와 습관이 형성되면 자연스럽게 좋아질 수 있다.

목소리 훈련을 통해 인생을 바꾼 수많은 사람이 있지 않은가? 이들은 처음에는 상대방이 듣기 불편하고 거북한 소리를 가졌지만, 필요 때문에 노력하고, 연습하여 원하는 소리를 가지게 되었다. 만약 당신이 목소리에 자신이 없는 영업사원이라면 주변에 도움을 받아 꼭 변화되기 위한 노력을 꾸준히 하길 바란다.

내가 아무리 좋은 내용을 가지고 있다고 하더라도 좋은 인상보다 중요한 건 좋은 목소리이고, 좋은 목소리보다 중요한 건 좋은 매너와 대화법이다. 이 모든 것이 유기적으로 연결되어 자신의 인상을 만들게 된다. 이러한 노력의 결과물은 그대로 고객과의 관계를 잘 형성하고, 유지 및 발전시킬 수 있는 통로이다.

상당히 중요한 부분이니 간과하지 말고, 노력하고, 연습하고, 훈련하여 고객의 불만은 최소화하고, 만족을 극대화하길 바란다. 이것이 내가 전달하고자 하는 영업 고수의 좋은 매너와 대화법이다.

사소한 부분이 큰 문제를 만드는 법이다

심리학 용어로 초두 효과(Primacy effect)가 있다. 처음에 받은 인상이 이후의 판단에 큰 영향을 미치는 심리학적 현상이다. 영업에서 첫인상이 고객의 구매 결정과 신뢰 형성에 중요한 역할을 하므로, 초두 효과를 잘 활용하면 더 높은 성과를 얻을 수 있다.

다시 말해 먼저 제시된 정보가 추후 알게 된 정보보다 더 강력한 영향을 미치는 현상이다. 첫인상이 고객의 신뢰를 좌우하는 이유이다. 첫 만남에서 몇 초 만에 고객은 영업사원을 평가한다. 여기서 긍정적인 영향을 주면 이후의 영업 과정이 훨씬 수월해진다.

첫 인상에서 우리가 신경 써야 할 부분은 크게 세 가지다. 첫째, 전문적인 복장과 단정한 외모이다. 둘째, 밝고 자신감 있는 목소리를 통해 신뢰와 친근감을 전달한다. 셋째, 빠른 피드백은 영업사원의 능력을 입증한다.

보통 초반 대화법을 통해 우리의 고객은 영업사원을 앞으로도 계속 볼 것인지 말 것인지 판단하는데 처음 몇 마디가 고객의 관심과 태도를 결정하기 때문에 매우 중요한 부분이다. 예를 들면 다음과 같은 표현을 강조하면 좋다.

"오늘 무엇을 도와드릴까요?"

"좋은 선택을 하셨습니다!"

와 같이 장황한 설명보다는 핵심을 전달하는 것이 좋다. 고객이 처음 듣는 정보가 이후 모든 설명의 기준이 되기 때문에 초반에 좋은 인상을 남기면 고객은 재구매나 추가 상담 가능성이 높아진다.

영업에서 초두효과를 잘 활용하면 고객의 신뢰를 빠르게 얻고, 영업 성공률도 높일 수 있다. 첫인상을 전략적으로 관리하고, 초반 대화법에 집중하는 것이 중요한 이유이다.

인상형성에 첫인상과 초반 대화법이 중요하다는 사실은 우리가 알게 되었다. 또한, 처음 이미지가 단단히 굳어 버린다는 의미로 '콘크리트 법칙'이라고도 한다. 무엇이 첫인상을 결정지을까? 미국의 뇌 과학자 폴 왈렌(Paul J. Whalen)의 연구에 의하면, 우리는 뇌의 편도체(amygdala)를 통해 0.1초도 안 되는 극히 짧은 순간에 상대방에 대한 호감도와 신뢰도를 평가한다고 한다.

첫인상을 결정짓는 중요 요인은 외모, 목소리, 어휘 순으로 나타났다. 위 이미지에 제시된 항목이 나중에 제시된 것보다 기억이 더 잘 된다는 사실은 이미 데이터를 통해 밝혀졌다. 이는 목록의 나중에 제시된 항목들은 기억할 때 처음에 제시된 항목들에 간섭 효과를 받기 때문이다.

미국의 사회심리학자 솔로몬 애쉬(Solomon Asch)의 실험으로 본 초두 효과에 따르면 애쉬는 A와 B, 두 사람의 성격에 대한 정보를 제시하고 실험을 진행했다. A에 대한 정보는 '똑똑하다, 근면하다, 충동적이다, 비판적이다, 고집스럽다, 질투심이 많다'였다. 반면 B에 대한 정보는 '질투심이 많다, 고집스럽다, 비판적이다, 충동적이다, 근면하다, 똑똑하다.'였다.

실험 참가자들은 A에 대해 더 긍정적인 반응을 보였다. 그런데 A와 B에 대한 정보는 말의 순서만 다르게 배열했을 뿐 내용은 똑같았다. 이 실험은 긍정적인 말들이 먼저 제시되었을 때 호의적으로 느낀다는 것을 보여준다.

영업에서는 어떤 말과 표현을 어떻게 전달하느냐가 고객의 신뢰와 구매 결정에 큰 영향을 미친다. 같은 의미라도 긍정적인 표현과 부정적인 표현에 따라 고객의 반응이 달라질 수 있기 때문이다.

긍정적인 말은 신뢰와 호감을 높일 뿐 아니라 구매 의욕을 자극할 수 있다. 또한 고객의 불안을 줄여주는 중요한 요소이다. 예를 들어 보자.

일반 영업사원 : "이 기능은 단점이 있지만……."

고수 영업사원 : "이 기능은 고객님께서 필요하신 부분을 보완해 줍니다!"

일반 영업사원 : "이 상품은 가격이 좀 비싸요"

고수 영업사원 : "이 상품은 가격 대비 훨씬 높은 가치를 제공합니다."

일반 영업사원 : "문제가 생기면 A/S를 받아야 해요"

고수 영업사원 : "혹시라도 문제가 생기면, 저희가 신속하게 해결해 드립니다!"

영업에서 긍정적인 말은 신뢰를 형성하고, 고객의 구매 결정을 돕는 중요한 요소이다. 부정적인 표현은 신뢰를 떨어뜨리고 불안감을 조성할 수 있으므로, 항상 긍정적인 언어로 고객을 설득하는 것이 중요하다.

첫인상은 3초면 결정된다. 그러나 결과가 부정적이면 이를 뒤집는 데 200배의 정보량이 필요하다고 한다. 모 취업 포털 사이트에서 기업의 인사담당자를 상대로 설문 조사했다. 그 결과, 기업의 인사담당자 절반이 면접 시 지원자의 첫인상을 결정하는 것은 '2분 이내'라고 답했다고 한다.

첫인상을 결정짓는 가장 큰 요인으로 태도와 자세가 꼽혔는데, 인사담당자 중 63.4%는 첫인상이 스펙보다 중요하다고 답했다. 면접 도중 지원자의 인상이 바뀐 경우는 14.5%에 그쳤다.

영업하면서 고객을 대상으로 설문을 진행한 적이 있다. "어떤 영업사원의 제품을 선택하시나요?" 90% 이상의 고객이 선택한 답변은 바로 '영업사원의 태도'였다. 이러한 영업사원의 태도를 결정하는 시작이 되는 시점이 첫인상이었다. 아주 사소해 보이지만 절대 사소하지 않은 우리의 첫인상. 당신은 어떻게 관리할 것인가?

별거 아니라고 절대 치부해서는 안 된다. 별거이기 때문이다. 보통 큰 문제는 아주 사소한 것에서부터 출발하는 경우가 대부분이다. 예를 들어 큰 산불의 시작점을 보면 끄지 않은 담뱃불에서 시작한다. 담배를 끄지 않고 그냥 버렸을 때는 500℃ 정도 되는 온도라고 하니 절대 사소하지 않다. 작은 불씨 하나로도 많은 재산의 피해가 나올 수 있다는 사실을 우리는 명심해야 한다. 무심코 버린 담배 하나로 몇 십 개의 산이 탈 수 있기 때문이다.

또한, 건물이나 다리 붕괴를 보면 어딘가에서 부터 시작된 아주 작은 틈, 균열에서 시작한다. 이러한 틈과 균열은 왜 발생하는가? 콘크리트 원재료 불량일 수도 있고, 시공관리의 미흡일 수도 있다. 이러한 붕괴 사고를 막기 위해 첫 시작인 설계부터 하나하나 꼼꼼히 따지고, 점검해야 할 것이다.

이처럼 사소한 부분이 큰 문제를 발생시키는 것처럼 영업사원이 만나는 고객에게 좋은 첫인상(외모, 목소리, 태도와 습관 등)을 전달하기 위해 우리는 하나하나 꼼꼼히 관리하고, 점검해야만 한다. 여러분 자신의 인상은 어떠한가? 차분하게 자신의 인상을 살펴보고, 주변 사람들에게 피드백을 구해보자. 자신의 인상이 어떠한가에 따라 고객과의 관계가 더 발전될 수도 있고, 딱 거기까지일 수도 있다.

하루의 시작은 눈을 뜨면서부터이다

나는 아침에 눈을 떠 일어날 때 크게 외치는 수준까지는 아니지만, 꼭 내뱉는 말이 있다. "오늘도 감사합니다.", "오늘도 왠지 좋은 일이 가득 할 것 같은데.", "모든 일이 잘 되었다.", "모든 일이 잘 되고 있다.", "다 잘 될 것이다.", "이미 다 잘 되었다." 이렇게 하루를 시작하면 왠지 몸과 마음이 가벼워진다.

스스로 친절한 말과 행동으로 하루를 시작하는 것이다. 친절의 시작은 상대방이 아니라 자신에게 먼저 해야 한다. 친절은 하루아침에 만들어지는 것이 아니므로 평소에 말하고, 행동하는 습관이 중요하다. 나는 재택근무로 일을 하고 있다. 재택근무(Work From Home 혹은 WFH)는 근로자가 사업장이 아니라 본인의 집이나 그 주변에서 컴퓨터 등 정보 통신 기기를 활용하여 공간의 제약 없이 근무하는 노동형태이다.

아침에 집을 나서 담당하고 있는 지역의 거래처 관리 및 신규 채널 발굴을 위한 시장조사를 한다. 동시에 사내에서 이뤄지는 수많은 미팅에 줌으로 참석해서 정보도 얻고, 소통해야 한다. 따로 사무실이 있는 게 아니기에 주로 카페에서 하는 경우가 많다. 자주 방문하는 카페의 경우는 직원과 안부를 물을 정도로 익숙하다.

자주 주문하는 음료를 파악하여 주문하기도 전에 밝은 표정과 미소로 "아이스 아메리카노로 드릴까요?"라고 먼저 묻고, 차량번호도 기억했다가 주차 사전등록을 해준다. 음료 한잔 주문하는 정도지만 고객을 먼저 생각하고, 이런 친절을 받으면 기분이 정말 좋아진다. 단골 카페로 등록할 수밖에 없다.

다른 카페의 경우 직원이 명확하지 않은 발음과 무표정한 말투로 응대한다면 두 번 다시는 가고 싶지 않을 것이다. 이런 친절은 절대 하루아침에 만들어지지 않는다. 자연스럽게 몸에 배어 있는 습관과 태도에서 나오는 것이다. 이런 작은 부분이 고객의 마음을 사로잡는다. 이 카페에서 만든 커피는 더 맛있다고 느끼는 이유이다.

이처럼 비슷한 가격과 품질, 비슷한 환경인데도 직원이 친절했다면 다음 방문으로 이어질 것이고, 그렇지 않았다고 느낀다면 재방문은 없을 것이다. 아무리 커피가 맛있더라도 직원이 고객을 본채만 체 하며 명확하지 않은 발음과 무표정한 말투로 응대한다면 그 카페와 커피에 결코 호감을 느낄 수 없다.

사람이 모이는 곳에는 분명한 이유가 있는 법이다. 어떤 고객이든 제품보다 중요한 건 그것을 대하는 직원의 태도가 무엇보다 중요하다. 고객을 응대하는 직원의 친절한 모습이야말로 최고의 상품이다. 커피 한 잔을 판매하더라도 이렇게 느끼고, 생각하는데 이보다 더 비용을 지급해야 하는 제품의 경우는 어떠할까? 더했으면 더했지 덜하지는 않을 것이다.

이처럼 친절은 주변에 작은 동네에서 볼 수 있는 카페부터 기업까지 고객의 마음을 얻어 영업 판매 활동으로 이어주는 가교역할을 톡톡히 한다. 이제는 생존의 문제이기까지 한 다양한 산업군의 공동체에서 중요한 요소이다. 친절하지 않으면 고객은 칼같이 발길을 끊게 된다.

이제 친절은 영업사원뿐만 아니라 모든 사람에게 반드시 갖춰야 할 필수역량 즉 경쟁력으로 자리 잡았다. 당신은 고객 혹은 상대방에게 친절한 사람으로 기억되는가? 불친절한 사람으로 기억되는가? 친절한 사람이 근무하는 카페에는 다시 방문하고 싶고, 이왕이면 친절한 사람에게 제품을 구매하려고 한다. 이처럼 직원의 작은 친절은 무한한 잠재력을 가지고 있는 힘이고, 능력이다.

2024 파리 올림픽에서 대한민국 올림픽 국가대표팀 모든 선수가 좋은 성적을 거두었다. 절대 하루아침에 이룰 수 없는 큰 성과이다. 아침에 눈을 뜨며 긍정의 확신과 좋은 습관과 태도 그리고 피나는 훈련을 통해서 가능했다. 우리 국가대표팀 모든 선수가 성과는 물론 경기에 임하는 자세와 경쟁 선수들을 대하는 행동에서 매너란 무엇인지 상대를 진정으로 존중하는 대화법에 관해서도 확인할 수 있었다.

경기력과 성과를 만들기 위해 하루의 시작을 어떻게 해야 하는지에 대한 부분부터 제대로 된 인성을 먼저 갖춰야 한다는 것을 전 세계에 알리며 대한민국의 품격과 위상을 제대로 높였다고 생각한다. 그중에서도 양궁 국가 대표님 모든 선수가 엄청난 희망과 미래를 국민에게 선물했다.

현재 현대자동차 정의선 회장이 대한양궁협회장을 맡아 물심양면으로 지원과 격려를 아끼지 않는다는 소식을 언론과 인터뷰를 통해서 확인할 수 있었다. 현대차그룹은 1985년부터 40년간 한국 양궁을 지원하고 있고, 이는 국내 단일 종목 스포츠 단체 후원 중 최장기간 후원이기도 하다.

이번 파리 올림픽 양궁에서 최고 성적을 거둘 수 있었던 가장 중요한 이유가 바로 여기에 있다고 해도 과언이 아니다. 정의선 회장을 중심으로 현대차와 대한양궁협회는 파리 올림픽 양궁 앵발리드 경기장을 재현해 실전 연습 환경을 구축하고 연구 개발한 첨단 기술 훈련 장비, 소음, 축구장 등 악조건에서 특별 훈련, 파리 현지 대표팀 전용 훈련장, 식사, 휴게 공간, 동선 등 세세한 부분까지 지원했다고 한다.

바쁜 일정에도 불구하고 정의선 회장은 파리 현지 상황을 사전 점검하고 개막식 전 미리 도착해 양궁 국가대표팀 전용 훈련장과 모든 곳을 세심하게 챙겼다고 하니 선수들에 대한 매너가 얼마나 지극정성이었는지 가늠이 갈 정도이다. 모든 주요 경기를 관중석에서 응원하고 평소에도 선수들과 친근하게 소통하는 대화법으로 함께 하니 결과가 좋을 수밖에 없었을 것이다.

이와 비교되면서 대한체육협회가 뜨거운 감자이다. 전 종목이 그렇지는 않겠지만 대한축구협회에 이어 파리 올림픽 배드민턴 금메달리스트 안세영 선수의 인터뷰에서 은퇴 시사와 함께 대한배드민턴협회의 실상을 밝혔다. 기본적으로 선수들에 대한 매너도 없었고, 소통도 없었을 것 같다. 또한, 학연, 지연, 혈연 없이 실력으로만 선발되면 좋겠는데 현실은 그런 게 아닌 것 같아서 씁쓸하기도 하다.

올림픽 양궁은 다음 선발전을 위해서 또 최고가 아니면 최고의 자리에 설 수 없다는 것을 알기에 최선을 다할 것이고 노력할 것이다. 좋은 성과는 단기간에 만들 수 없다. 오랜 기간 훈련과 연습을 통해서 가능하다. 좋은 매너도 그렇다. 아침에 일어나자마자 긍정의 말과 행동을 자신에게 들려줘야 한다.

이러한 작은 말과 행동이 모이고, 모여 나를 더 단단하게 만들고, 좋은 매너와 대화법이 형성된다. 직원이 고객에게 친절하면 입소문이 나면서 성과가 난다. 고객이 원하는 바를 미리 알고 고객 중심으로 생각하는 한 카페의 직원처럼 기업을 경영한다면 그 결과로 단골이 생기고, 경쟁 시장에서 더욱더 성공할 것이다.

영업사원은 고객을 만나는 첫 대면의 순간에서 자신의 말과 행동이 얼마나 중요한가를 깨닫고 좋은 매너와 대화법으로 대해야 한다. 지금 당신의 앞에 있는 고객에게 좋은 인상을 주기 위해 관리하고, 노력하고, 애쓰길 바란다. 우리의 고객은 당신의 눈빛과 표정만 봐도 지금까지 당신이 어떻게 살아왔는지 파악하는 사람이다.

고객을 대하는 태도를 분명하게 한다

성공한 사람들의 주변에는 많은 사람이 있다. 그만큼 성공한 사람들은 상대에게 좋은 매너를 보여주고, 좋은 인간관계를 유지하고 있다는 뜻이다. 미국 컬럼비아대학 MBA 과정 최고경영자 설문 조사에서 "당신의 성공에 가장 큰 영향을 준 요인이 무엇인가?"라는 질문에 응답자의 7%는 지식과 기술이라 대답했고, 93%가 '대인관계의 매너'라고 대답했다.

매너는 인성과도 연결된다. 성공한 사람들의 공통점으로 인성을 꼽는 사람들이 많다. 하버드 대학의 그랜트 연구에서도 행복하고 성공한 사람들의 공통점으로 인간관계를 꼽았다. 인성은 개인의 습관과 태도, 행동, 도덕적 가치를 말한다. 물론 좋은 인성을 가진 사람이 모두 성공하는 것은 아니며, 성공한 사람이 모두 좋은 인성을 가진 것도 아니다.

하지만, 인성은 성공의 핵심 요소 중 하나임은 분명하다. 제아무리 실력이 좋아도 인성이 좋지 않으면 혹은 인간관계가 좋지 않아서 자신의 능력을 제대로 발휘하지 못하는 사람이 있는가 하면, 실력이 조금 부족하더라도 인성이 좋아 혹은 인간관계가 좋아 주변 사람들의 도움을 받아서 능력을 펼칠 기회를 잡고 성공하는 사람이 있다.

인성이 좋은 영업사원은 경쟁사 직원과도 허물없이 잘 지낸다. 시기와 질투에서 자유롭기 때문이다. 좋은 인간관계를 형성해야 하는 이유이기도 하다. 영업에서 성공하고 싶다면 어떻게 대인관계 능력을 향상할 수 있을지 고민해야 하고, 다른 회사 영업직원들과도 사이좋게 잘 지내는 방법을 익혀야 한다.

아무리 브랜드가 높은 회사에 다니고 있어도, 뛰어난 제품을 가지고 있다고 하더라도 기본적인 인성과 인간관계가 좋지 않다면 고객은 이런 영업사원과 비즈니스를 하고 싶지는 않을 것이다. 좋은 매너를 가진 영업사원이 회사가 나아가고자 하는 방향과도 맞고, 높은 실적을 내는 법이다.

예전에 나와 함께 근무했던 상사의 예이다. 그는 실력도 뛰어났고, 엑셀 및 파워포인트 능력도 좋았다. 똑똑하고, 논리적이며 자기주장이 강했다. 그런데 그가 다른 직원과 함께 일을 하는 태도는 다른 직원을 배려하기보다 자기중심적으로 일을 처리하는 경향이 강했다. 결국, 그와 함께 일하는 부하직원은 그를 떠나게 되었고, 회사에서 안 좋은 매너를 가진 사람으로 인식되었다.

특히 부하직원의 얘기를 끝까지 잘 들어주기보다 중간에 말을 끊거나, 자기 말만 고집하는 대화 태도가 문제가 되었는데, 독단적이고 독선적인 그의 모습은 상대의 감정을 중시하지 않는 태도로 해석되었고, 결국 그는 시간이 흐를수록 회사와 직장동료들로부터 인정을 받지 못해 좋은 기회를 놓치곤 했다.

경력이나 능력이 아무리 뛰어나면 뭐하나? 함께 일하는 동료들과의 마찰, 주변 사람들의 인정과 인심을 얻지 못했고 인간관계가 원만하지 않았기 때문에 함께 일하고 싶지 않은 동료로 낙인찍혔다. 실력은 기본. 여기에 좋은 매너와 대화법으로 주변 동료들로부터 일을 함께하고 싶은 마음을 끌어내는 영업 고수가 좋은 기회를 얻어낼 수 있다.

어떤 영업사원이 고객을 대하는 태도를 분명히 할까? 고객을 대하는 태도를 분명히 밝히는 영업 고수들은 밝은 인상과 미소, 공손한 태도, 경청하는 자세, 단정한 용모와 복장을 갖추고 있다. 먼저 밝은 인상과 미소를 갖추기 위해서는 거울을 보며 연습을 하면 좋다. 처음에는 다소 어색하고, 부자연스러울 것이다.

셀카를 촬영하는 것도 방법이다. 촬영할 때는 의식적으로 입 꼬리를 위로 살짝 올린다는 느낌을 주면 인상이 훨씬 좋게 보일 수 있다. 두 번째인 공손한 태도는 나를 낮추라는 것이 아니다. 누구를 만나든 어디에서든지 상대를 높이는 말과 행동으로 대한다면 자연스럽게 몸에 밸 것이다. 이 또한 처음에는 어색하고 부자연스러울 것이다. 당연한 과정이니 긍정의 마음으로 노력하길 바란다.

세 번째는 경청하는 자세이다. 말을 많이 하는 사람보다는 상황과 위치에 맞게 잘 말하는 사람에게 더 호감이 가는 법이다. 상황을 파악하고, 자신의 위치를 정확하게 인지하기 위해서 우선해야 할 사항이 바로 들어야 한다. 잘 들어야 잘 말할 수 있기 때문이다. 당신은 말하는 걸 더 선호하는가? 듣는 걸 더 선호하는가?

마지막으로 단정한 용모와 복장을 갖추는 건 생각보다 중요하다. 보이는 이미지는 고객에게 호감을 주는 중요한 비중을 차지하는 것 중 하나이다. 자신을 가꾼다면 상대방에게 충분히 호감을 줄 수 있다. 따라서 자신과 어울리는 헤어스타일을 연출하고, 몸을 잘 가꾸기 위해 꾸준히 운동하고 관심을 가져야 한다.

아무리 밝은 인상과 미소, 공손한 태도와 경청하는 자세를 가졌더라도 보는 순간 깨끗한 이미지가 아니라 헝클어진 머리, 지저분한 인상을 준다면 매너가 없는 사람이라는 인상을 심어주게 된다. 같은 정장을 입어도 잘 다려진 깨끗한 셔츠와 균형 있는 넥타이를 한 영업사원이 구겨진 셔츠와 삐뚤빼뚤한 넥타이를 한 영업사원보다 신뢰감을 주고 유능해 보인다.

상황에 따라 적절한 옷을 입어야 하듯 공적인 미팅이나 상사를 만나는 자리라면 너무 편한 옷 보다는 비즈니스 정장이 더 좋다. 고객을 만날 때도 편한 추리닝이 아니라 불편한 정장이 더 매너 있는 사람으로 보인다.

고객과 좋은 관계를 맺고 싶고, 발전시키고 싶다면 자신의 매너와 대화법을 살펴야 한다. 매너와 대화법이 좋은 사람들은 인간관계도 좋다. 고객의 관점에서 생각해보자. 처음 본 영업사원이 무표정한 표정과 명확하지 않은 말투로 다가온다면 불편해서 두 번 다시는 만나고 싶지 않을 것이다.

반대로 처음 본 영업사원이 밝은 표정과 미소로 듣기 좋은 목소리와 말투로 다가온다면 마음이 편안해지면서 호감을 느끼고 상대할 것이다. 즉 첫인상만으로도 영업사원에 대한 인상이 부정적 혹은 긍정적으로 다가온다. 이처럼 고객뿐 아니라 사람들은 누군가를 처음 만나면 그 사람의 표정 및 이미지로 일차적인 평가하는데, 이는 대부분 사람이 가진 본능이라고 심리학자들은 말한다.

좋은 매너와 대화법은 절대 하루아침에 만들어지지 않는다. 고객을 대하는 태도를 분명하게 하는 영업 고수는 이러한 사실을 잘 알고, 평소에 습관화시키기 위한 노력을 게을리 하지 않는다. 뭔가를 얻고, 결과를 내기 위해서 거저 얻을 수 없는 것처럼 우리가 성과를 만들기 위해서는 투자가 필요한 법이다.

시간에 대한 투자일 수도 있고, 비용에 대한 투자일 수도 있다. 많이 고민하고, 연습하고, 훈련해야 한다. 고객의 소중한 시간을 얻기 위해서, 좋은 매너를 보여주기 위해서 우리는 고객을 대하는 태도를 분명하게 하는 평소의 노력, 습관, 태도가 당신에게 좋은 열매를 선물하게 될 것이다.

한 사람의 표정을 보면 지난 세월 동안 어떻게 살아왔는지를 알 수 있다고 한다. 이처럼 표정은 지난 세월 동안 어떻게 관리를 했느냐에 따라 서서히 근육의 변화로 생겨나고 변화된다. 하루아침에 만들 수 없는 표정처럼 영업 고수가 되기 위한 좋은 매너와 대화법은 절대 하루아침에 만들어지지 않는다는 사실을 명심하자.

가장 좋은 고객은 내가 만드는 것이다

나는 웃음치료사 1급 자격증이 있다. 영업하면서 취득하였다. '어떻게 하면 고객에게 좋은 인상을 심어줄 수 있을까?'에 대한 고민이 많았던 시간이 있었다. 종이에 떠오르는 모든 아이디어를 적었다. 그 중 당장 할 수 있는 것과 나중에 할 수 있는 부분을 나누고 보니 목표가 생겼다.

영업을 잘하고 싶고, 그러기 위해서는 만나는 고객에게 나의 좋은 인상을 어떻게 하면 심어줄 수 있는지에 대한 질문에서 출발한다. 다양한 아이디어 중 나는 시간을 투자하여 웃음 치료를 주제로 공부했다. 좋은 고객을 만나기 위해서 선행되어야 할 부분은 내가 바로 좋은 영업사원이 되는 것이다.

이게 가장 빠른 지름길이다. 웃음을 선택하는 순간 밝은 기운과 에너지가 돌고, 긍정적이고 유쾌한 분위기가 만들어진다. 웃는 사람과 함께 있다고 상상해 보라. 누구든 처음 만났을 때는 어색할 수밖에 없다. 심지어 비즈니스를 하기 위해 만난 고객이라면 더 그럴 것이다.

이때 가벼운 미소와 편안하며 여유 있는 웃음을 한번 보여줘라. 웃는 얼굴의 좋은 표정은 고객이 편안함과 신뢰감으로 이어져 좋은 관계로 이어진다. 웃음은 고객과 함께 보내는 시간이 소중하다는 것을 간접적으로 전달하는 행위이며 고객에 대한 존경심과 친절을 나타내는 행동이다.

특히 직장 내에서는 다양한 사람들이 모여 함께 일을 하므로 잘 소통하며, 유기적으로 좋은 관계를 유지하기 위해서는 무표정보다는 편안한 인상의 미소와 웃음을 장착하는 것이 도움이 된다. 왜냐면 상대와 조화롭게 살고 싶은 마음이 있다는 방증이면서 만나는 상대를 존중하는 마음으로 대하고자 하는 의지를 표정에서 느낄 수 있기 때문이다.

가장 좋은 고객은 내가 만든다는 말이 있다. 주어진 상황 속에서 고객의 숨겨진 내면을 파악하는 능력이 필요한데 이때 사용해야 할 감정표현과 시시각각 달라지는 상황에 따라 뛰어난 적응력을 발휘하는 영업사원이 좋은 고객을 만날 확률이 높다. 연습과 노력으로 얼마든지 학습될 수 있는 부분이다.

최근 몇 년은 코로나 및 경기침체로 경제적으로 힘든 시기였다. 이런 경제 문화가 영업 및 비즈니스 전반에 미친 영향은 적지 않다. 코로나 이전에는 규칙과 원칙이 가장 중요한 요소로 꼽혔다면 지금은 공감과 배려, 감사와 겸손함이 중요한 덕목으로 인정받는다. 원칙을 무시하라는 말이 아니다.

규칙과 원칙을 중요시하되 변화무쌍한 상황과 환경에서 살아남기 위해서 영업사원은 좋은 고객을 만들어야 하고, 만나야 한다. 그러기 위해 내가 준비되어야 한다. 무엇을 어떻게 준비해야 할까? 일단 당당해야 한다. 있는 척, 잘난 척하라는 말이 아니다. 상대의 마음을 그대로 받아 되돌려주는 공감과 배려에 대한 훈련이 필요하다.

공감과 배려의 시작은 상대가 아닌 나로부터이다. 모든 일은 나로부터 시작된다. 어떤 문제가 발생이 되면 환경과 상황을 먼저 탓하는 사람이 있는가 하면 자신을 먼저 되돌아보는 사람이 있다. 중요한 것은 어떤 상황이냐가 아니라, 어떤 마음을 가지느냐이다. 환경이 당신을 화나게 하는가?

환경과 상황을 탓할 것이 아니라 일부러라도 자신을 되돌아보자. 결과는 훨씬 간단할 것이며 상황은 더 좋아질 것이다. 고객이 당신을 이끌어가는 것처럼 보이지만 이면에는 당신이 고객을 이끌고 있다는 것을 명심해야 한다. 당신이 먼저 편안함과 신뢰감을 고객에게 심어줄 때 비로소 고객과 좋은 관계로 이어질 수 있다.

앞에서도 언급한 것처럼 인사는 아주 기본이면서, 중심이 된다. 인사만 잘해도 반은 먹고 들어간다는 소리가 있듯이 아무리 강조해도 지나치지 않는다. 영업사원이라면 특히 인사와 용모는 자신의 매력을 보이는 강력한 수단이다. 인사는 내가 먼저 하는 것이고, 인사를 한다는 것은 상대에게 좋은 인상을 심어주는 첫 단추와 같은 중요한 역할을 한다.

특히 직장 내에서는 다양한 사람들이 모여 함께 일을 하므로 유기적으로 잘 연결하고, 소통하기 위해서라도 제대로 인사를 하는 것은 중요하다. 좋은 인상을 심어주기 위해서 부끄러워하지 말고, 쭈뼛거리지 말고, 만날 때마다 인사를 해 보자. 누구보다 자신감 있는 태도와 모습으로 말이다.

또한 용모, 즉 보이는 부분도 결코 간과할 수 없다. 사람의 인상은 보이는 부분에 크게 좌우된다. 깔끔한 용모와 복장을 갖추는 것은 영업사원에게 필수역량으로 자리 잡은 지 오래다. 자동차 판매 왕들을 살펴보라. 남들은 쉽게 지나칠 수 있는 아주 세심한 부분까지 신경을 쓰는 경우가 많다.

특히 넥타이의 색상이나 작은 소품 하나에까지 섬세하게 정성을 기울인다. 그들은 자신을 더 돋보이게 하는 관점보다는 어떻게 하면 나를 만나는 우리 고객을 더 존중하며, 예의를 갖출 수 있는지에 대한 관점으로 접근한다. 고객을 만나러 갈 때 손에 드는 가방부터 계약서에 서명을 받을 때도 막 쓰는 펜이 아닌 명품 볼펜을 사용함으로써 고객을 더 생각하고, 존중하는 습관과 태도를 보인다.

이러면 고객은 편안함과 신뢰감을 느끼게 되며, 영업사원이 자신의 자존감이 올라가는 기분을 느끼게 된다. 누구나 대접받기를 좋아한다. 하물며 우리의 고객은 더 심하면 심했지 덜하지는 않다. 내가 대접받고자 하는 대로 상대를 대접하라는 말이 있다. 다시 한번 말하지만 모든 일과 시작은 나로부터 시작된다.

이처럼 작은 소품 하나, 내가 착용하는 복장 등 하나에도 고객과 나를 배려하고 존중하는 마음이 담겨 있다는 사실을 알 수 있다. 이와 같은 습관이 고객에게 얼마나 신뢰감을 줄 수 있는지 영업 왕들은 너무나도 잘 알고 있다. 물론 단순히 보이는 외형적인 모습에만 치중하면 안 된다.

외모나 복장만으로 사람을 판단해서도 안 되며, 평가해서도 안 된다. 하지만 대다수 고객은 외형적인 모습만으로 영업사원의 일차적 인상을 받게 된다. 충혈된 눈, 헝클어진 머리, 대충 입은 복장 등은 고객으로 깔끔하고 단정한 용모와 복장을 한 영업사원에 비해 좋은 인상을 심어주기 어렵다.

편안함과 신뢰감은 줄 수 없으며, 자신을 자꾸 의심하게 된다. '왠지 제품이 별로 일 것 같은데.', '대충 확인만 하고, 계약은 다른 곳에서 해야겠다.', '별로 믿음이 가지 않네.' 이런 진짜 고객의 속마음은 숨겨 둔 채로 서로의 소중한 시간만 낭비하는 결과를 가져오게 만든다.

많은 고객과 접촉해야 하는 영업사원들은 자신의 인상, 복장을 관리하는 일이야말로 별거이다. 1차원적인 옷 본래의 기능뿐만 아니라 고객에게 진정성을 갖고, 편안함과 신뢰감을 전달하는 중요한 수단이 된다. 우리의 고객은 영업사원의 복장만으로도 이 사람의 내면이나 생활방식 등을 파악하는 인생의 선배이다.

우리의 선배들인 고객은 딱 보면 안다. 당신이 고객의 시간을 이용하려고 접근하는 것인지, 진심으로 고객을 도와주려고 하는지 말이다. 결국, 내가 좋은 고객을 만나는 일도, 좋은 고객을 확보하는 전반적인 모든 과정은 내가 하나부터 열까지 만드는 과정의 결과물인 것이다. 이 세상에 가장 좋은 고객은 없다. 내가 하기에 달려있다. 가장 좋은 고객은 바로 내가 만드는 것이다.

지족지계는 최고의 시기와 질투 관리법

고사성어 중에 지족지계(止足之戒)란 단어가 있다. '지족지계'는 '발을 멈추는 교훈'이라는 의미를 담고 있다. '지(止)'는 '멈추다', '족(足)'은 '발', '지(之)'는 '가다', 그리고 '계(戒)'는 '교훈'이나 '경계'라는 뜻이 있다. 글자 그대로 발걸음을 멈추고 자신을 돌아보며 경계하라는 의미이다.

이는 물리적인 멈춤을 넘어서, 자신의 말이나 행동 그리고 생각에 대해 숙고하고, 잘못된 길로 가지 않도록 자신을 경계하라는 교훈을 담고 있다. 이는 고대 사람들이 인생을 살면서 마주치는 여러 갈림길에서 바른 선택을 하기 위한 지혜와 교훈으로 사용되었다. 인생의 중요한 선택의 순간에서 잠시 멈춰 서서 자신의 내면을 성찰하고, 반성하며 더 나은 방향으로 나아가기 위한 중요한 가치로 여겨왔다.

성장하기 위해서 성공하기 위한 끊임없는 목표 설정과 이를 이루기 위한 노력을 나쁘게 보는 사람은 없을 것이다. 하지만 이상하게도 누군가는 열심히 노력하는 사람을 시기하거나 질투하는 모습을 주변에서 종종 볼 수 있다. 왜 그럴까? 시기와 질투하는 사람은 우리가 제어할 수 없다.

우리가 제어 가능한 영역은 최대한 시기와 질투에서 벗어나기 위한 노력, 시기와 질투를 견디기 위한 노력 또는 시기와 질투를 최대한 받지 않기 위한 노력을 하는 것이다. 목표를 향해 끊임없이 도전하는 사람들이 간과하는 한 가지가 있다. 바로 주변을 잘 둘러보지 못하는 것이다.

너무 목표만을 쫓다 보면 중요한 가치를 놓치는 경우가 있다. 이럴 때 주위를 돌아보는 여유를 중간 중간 가지는 것이 좋다. 지족지계란 성어는 단순히 발걸음을 멈추는 것이 아니다. 삶의 중요한 순간에 잠시 멈추어 자신과 주변을 돌아보며 놓치고 가는 것은 없는지, 더 챙겨봐야 할 것은 없는지 등 바른 방향으로 나아갈 수 있는 통로가 된다.

요즘처럼 시시각각 변화하는 세상에서 좋은 비즈니스 매너와 대화법을 갖기 위해서는 매번 상황에 맞는 감정을 선택하고, 나보다는 상대를 더 배려하는 대인관계 속에서 원만하게 처신할 줄 아는 능력을 의미한다. 기차보다 빠른 상황에 유연하게 대처하기 위해서는 나를 돌아보는 지혜가 필요하다.

숫자를 맞춰야 하는 영업인에게 매출은 중요하다. 요즘처럼 심한 경쟁 속에서 동료, 상사, 고객 및 거래처와 좋은 관계를 유지하며 매출을 올리는 능력이 큰 장점으로 주목받는다. 성공한 사람들은 늘 자신보다 상대를 배려하며 좋은 매너와 대화법으로 품격 있는 영업을 한다. 특히 고객을 대하는 영업인에게 매너와 대화법은 더욱 중요하다.

특히 있는 척, 잘난 척은 절대 하지 말아야 한다. 자신이 하는 영업이 조금 잘 된다고 우쭐대거나 잘난 체하지 말자. 이것만큼 꼴 보기 싫은 것도 없다. 좋은 신호가 보인다면 그냥 조용히 혼자 그 사실을 즐기자. 결국, 모두가 자연스럽게 알게 된다. 또한, 현재하는 업무가 잘 되고 있고, 표현하고 싶다면 최대한 겸손하게 표현한다.

이러한 성과를 만들기 위해 얼마나 애를 썼는지, 얼마나 많은 시간이 들어갔는지 일부러 강조하지 말자. 결국, 우리는 모두 좋은 회사에 소속되어 있는 직원이며, 좋은 제품을 가진 좋은 회사의 일원일 뿐이다. 생각해보라. 회사 타이틀이 빠져서 물건을 판다면 얼마나 잘 팔 수 있을지를 말이다.

좋은 비즈니스 매너와 대화법을 갖춘 영업 고수의 행동과 태도는 드러내려고 애쓰지 않아도, 자연스럽게 우러나게 되어 있다. 그 뒤에

흘린 땀과 노력을 남들에게 억지로 알리려고 애쓰면 안 된다. 가끔 주변에 보면 자신의 성과를 너무 포장해서 표현하는 영업인을 보곤 한다.

과장하는 것보다는 차라리 조금 모자란 편이 낫다. 정말 영업을 잘하는 고수들은 어떻게 하는지 보자. 겸손하고, 당당하다. 자기 자랑은 열등감으로 가득한 사람이 하는 짓이고 자신을 깎아내리는 짓이다. 겸손하고 당당한 영업 고수들의 특징은 다음과 같은 사람이다. 반드시 숙지하여 자신의 것으로 만들기 바란다.

– 상대의 이야기를 정말 잘 들어준다. 자신보다는 상대에게 더 관심을 기울일 줄 아는 사람이다.

– 명확한 자신만의 기준이 있다. 다른 사람이 한다고 무작정 따라 하는 것이 아니라 있는 그대로의 자기 모습을 인정하고 상대를 통해 배우기를 즐기는 사람이다.

– 자신에 대해 그 누구보다 잘 알고 있다. 장단점을 명확히 알고 있으며, 장점은 자연스럽게 부각하고, 단점은 개발하기 위한 노력을 하는 사람이다.

– 열정, 힘, 에너지가 느껴진다. 상대에게 선한 영향력을 주는 사람이다.

– 그 누구보다 긍정적인 사람이다. 긍정의 힘과 확신을 잘 알고 실

행하는 사람이다.

- 어떤 상황에서도 흥분하지 않고, 차분하게 문제를 바라보는 사람이다.

- 다른 사람들의 시선에서 바라볼 수 있도록 노력하는 사람이다.

- 대화를 가능한 긍정적인 방향으로 이끌어 가는 사람이다.

- 자신과 상대를 존중할 줄 아는 사람이다.

- 진심으로 타인에게 관심을 두는 사람이다.

- 다른 사람들의 특징과 개성을 잘 찾아, 적극적으로 표현하고 칭찬을 잘하는 사람이다.

- 누구보다 자신을 사랑하고, 가꾸는 사람이다. 자신을 사랑하는 사람이 타인을 사랑할 수 있다. 자신을 가꾼다는 것은 상대에 대한 존중이며 배려이다.

- 주변에 선한 영향력을 흘려보내는 사람이다.

우리의 고객은 위와 같은 특징을 가진 영업 고수들에게 매력과 호감을 느끼게 된다. 왜냐면 배려심, 책임감, 신뢰감이 있으리라 생각하기 때문이다. 버스나 기차 안에서 상대를 배려하지 않고, 큰소리로 통화를 하거나 이야기를 하는 사람을 만나면 진짜 불쾌하다. 다른 사람에 대한 기본적인 예의와 배려는 어떤 상황에서든 지켜져야만 한다.

우리의 고객은 책임감 있는 영업사원과 일하고 싶어 한다. 책임감이 있다는 사실은 말로 설명이 안 된다. 위와 같은 특징을 인지하고, 몸에 배도록 노력한다면 자연스럽게 고객은 알게 될 것이다. 마지막으로 신뢰감은 어떤 일을 하든지 가장 중요한 요소이다. 신뢰는 정직이며 믿음이다.

영업사원과 고객이 서로를 믿는 정도에 따라 매출도 달라진다. 신뢰감은 한순간에 이뤄지지 않는다. 꾸준함과 인내가 필요하다. 시간이 쌓여야 하는 일이다. 조급하지 않게, 여유로움 속에서 피어나는 신뢰감의 열매를 꼭 성취하길 바란다.

결국, 내가 잘나서 잘되는 예는 없다. 주변의 도움이 필요한 것이고, 운이 따라줘서 좋은 열매를 맺는 것이다. 전 세계가 통하는 비즈니스 매너와 대화법의 핵심은 내가 아닌 타인이다. 좋은 태도와 매너, 대화법으로 어떻게 하면 상대의 마음의 문을 활짝 열 것인지에 대한 고민에서 시작해야 한다.

늘 감사한 마음과 겸손한 태도로 덕분에 잘되고 있다는 사실을 우리는 명심해야만 한다.

Chapter 5.

최상의 성과를 만들기 위한 매너

성과의 열쇠는 내 안에 있다

비즈니스 산업현장에서 약 17년간 영업과 마케팅, 교육을 진행하다 보니 성과 창출을 목표로 뛰어야 한다는 사실은 일종의 상식이 되어 버렸다. 다양한 사람들을 상대하다 보니 관계 영업의 중요성과 필요성에 대해 인식하게 되었고, 각양각색인 사람들과의 관계 속에서 신뢰를 심어주기 위해 '매너'와 '대화법'은 빠질 수 없는 부분임을 알게 되었다.

서로 다른 생각과 가치관을 가진 사람들과의 협업을 통한 성과를 내기 위해서 매너는 바로 비즈니스에서 반드시 갖춰야 할 덕목이 되었다. 즉, 비즈니스를 통해 성과를 내기 위한 열쇠이자 공통 언어라

할 수 있다. 기본적인 상식을 갖추고 올바른 비즈니스 매너를 익혀두면 다양한 사람들과 원만한 인간관계를 맺을 수 있다.

반대로 매너가 좋지 않은 사람들은 실력이 아무리 뛰어나더라도 좋은 기회를 잡기 어려운 게 사실이다. 더한 경우에는 프로젝트에서 배제되어 방향성 없는 일을 혼자 진행하며 시간을 허비하는 일도 많다. 이렇게 되면 개인도 회사도 피해를 보게 되며 서로 적이 되어 회사를 떠나는 경우도 어렵지 않게 볼 수 있다.

영업부에 발을 들였다면 영업인으로서 알아야 할 매너가 무엇이며, 당연하게 여겨지는 비즈니스 매너가 무엇인지 알아두어야 한다. 영업 고수가 반드시 갖춰야 할 7가지 비즈니스 매너의 덕목에 관해 설명하겠다. 첫째는 주인의식이다. 영업인에게 데이터와 숫자를 바탕으로 현장에서 고객을 만나 대화를 주도하는 건 숙명과도 같은 일이다. 상사가 시킨다고 하는 척이 아니라 스스로 해내야만 한다. '책임감'과도 유사한 의미로 사용되며, 주도적으로 일에 집중하여 성과를 내는 방법을 스스로 터득해야 한다.

둘째는 협동의식이다. 아무리 능력이 출중하더라도 영업은 절대 혼자서는 할 수 없다. 내부 동료와도 소통해야 하며, 마케팅 부서 및 관련된 다양한 사람들과 함께 손과 발을 맞춰야만 숫자를 만들어낼 수 있다. 게다가 우리가 있는 곳과 판매하는 제품은 개인소유가 아니라 회사의 자산이다.

조직 구성원의 일원으로 현재 위치와 상황에서 할 수 있는 것을 찾고, 함께 해나가야 한다는 팀워크를 무엇보다 중요하게 생각해야 한다. 셋째는 윤리의식이다. 해를 거듭할수록 기업에서는 윤리성을 강조하고 있다. 별의별 짓을 다 해서 숫자를 만들어내는 것이 아니라 우리가 할 수 있는 가능한 선이 있다.

숫자에 눈이 멀어 단 한 번의 실수나 사고를 일으키지 않도록 지침을 잘 지키면서 해야 한다. 만약 좋지 않은 사건이나 사고로 회사를 떠나게 된다면 어디를 가더라도 당신을 끝까지 따라갈 것이다. 절대 발목 잡는 일을 하지 말자. 넷째는 ROI, return on investment 즉, 투자자본수익률을 꼼꼼히 따져야 한다. 어느 기업이건 투자를 한다. 투자는 회사의 자산이다.

자금이 효율적으로 운용되면 수익이 올라가고 비효율적으로 이용된다면 수익성은 떨어진다. 업무상 실수가 발생하면 이는 곧 회사 경비와 노력의 큰 손실로 이어진다. 시간을 효율적으로 사용해야만 하는 이유이다. 비용도 마찬가지이다. 상사의 말을 믿고, 잘 따른다면 이 부분은 크게 걱정하지 않아도 된다.

다섯째는 긍정의식이다. '할 수 있다', '한번 해 보자', '하면 된다.'라는 강한 자기 확신과 긍정의 태도가 중요하다. 아무리 어려운 일이라도 긍정의 마음만 가지면 할 수 있다고 말하는 것이 아니다. 어떻게 마음만 가지고 어려운 일을 처리할 수 있다면 세상에 어려운 일은 없을 것이다. 말하고 싶은 부분은 긍정의 마음을 품고, 업무에 임한다면 주변에서 도와주는 사람도 나타나게 되고, 운도 작용할 확률이 높아진다는 의미이다.

이왕 하는 일, 남들보다 즐겁고, 재밌게 하고 싶다면 부정을 선택하기보다는 긍정의 힘을 믿고, 나아가는 편이 훨씬 이득이다.

여섯 번째는 이타주의(이타적)이다. 이타성은 나보다 남을 먼저 생각하는 주의로, 행동의 목적을 타인에 대한 행복에 둔다는 것으로, 남보다 자신의 이익을 먼저 생각하는 이기주의와 반대된다. 주변에 있는 사람들은 내가 생각하는 것보다 더 똑똑하고, 눈치가 빠르다. 딱 보면 안다.

마지막은 감사하는 마음이다. 늘 내가 소속해 있는 회사와 나의 상사 및 동료에게 감사하는 마음을 가져야 한다. 또한, 우리의 고객을 소중히 생각하며, 존중하는 태도가 매우 중요하다. 내가 잘나서 나와 함께 하는 것이 아님을 명심하자. 내가 겸손한 자세와 감사하는 마음으로 상대를 대하니 상대가 나와 함께 해주는 것이다.

위에서 말한 7가지 비즈니스 매너의 덕목과 관련하여 또 한 가지 중요한 부분은 바로 사람과의 소통, 즉 커뮤니케이션이다. 사전적 의미로 커뮤니케이션이란, 사람들끼리 서로 생각, 느낌 따위의 정보를 주고받는 일. 말이나 글, 그 밖의 소리, 표정, 몸짓 따위로 이루어진다. 일반적으로 정보의 전달로 정의되는데 직장 내에서는 의도하지 않은 전달이나 실패한 전달의 경우에도 신경을 써야 한다.

예를 들어 미팅을 진행하는 미팅 룸에 있다고 가정하자. 너무 긴장한 나머지 무심코 팔짱을 꼈다. 아무 생각 없이 한 행동일 뿐이지만 상사는 당신의 태도를 건방지고 매너가 없다고 느낄 수 있다. 그런 의도는 아니었지만, 나중에 후회해도 소용없다. 최근 기업에서는 캐주얼 데이 같은 제도를 도입해 직원들이 좀 더 편하게 업무 수행할 수 있도록 신경을 쓰는 모양새다.

비즈니스 현장에서는 내외부 고객에 대한 존중의 뜻을 복장으로 표현하기도 한다. 아무리 편하게 입으라고 해도 아무 생각 없는 복장은 당신의 매너를 깎아내리는 결과를 초래하게 될 것이다. 이처럼 언어, 말로 표현되는 그것뿐만 아니라 비언어적 표현에도 신경을 써야 한다.

사람은 겉모습으로 판단되기 때문이다. 복장이 불량하거나 상대방이 거부감이 들면 신뢰감 형성이 어려우므로 우리는 평소의 습관, 태도, 복장에도 기본적인 매너를 지켜야 한다는 사실을 인지할 필요가 있다. 겉모습에서 부정적인 이미지를 보여준다면 결국 그 부메랑은 자신에게 돌아와 자신만 손해다.

사람과 사람 사이의 커뮤니케이션에서 평소의 습관, 태도, 표정,

옷차림 등과 같은 겉모습은 무려 55%를 차지해 38%인 말투와 목소리, 7%인 말에 비해 상당히 큰 영향을 미친다고 앞서 설명한 바 있다. 자신이 무심코 한 말과 행동의 습관이 상대방에게 어떤 느낌을 주는지 바로 알고, 부정적 인상을 주는 대화법이나 매너는 고쳐나가자.

또한, 무심코 자신의 내면의 습관이 태도를 통해 겉으로 드러나 버리는 일도 적지 않기 때문에 긴장이 풀려 실수하는 일이 없도록 늘 신경을 써야만 한다. 마지막으로 하고 싶은 말은 앉아서 업무를 볼 때나 고객과 통화를 할 때 의자에 깊숙이 앉지 않고 앞쪽에 살짝 걸터앉자.

우리가 있는 이곳은 나 혼자만 있는 집이 아니다. 사무실이고, 비즈니스 현장이다. 등받이에 깊이 기대앉지 않도록 다리나 팔을 꼬지 않고 허리를 바로 세워 올바른 모습과 태도를 습관화시키는 자세가 좋다. 결국, 최상의 성과를 만들기 위한 열쇠는 바로 상대가 아닌 내 안에 있다.

마지막 한끝의 성과는 긍정성에 달렸다

영업하다 보면 다양한 고객의 사람들을 만날 기회가 있다. 짧은 대화를 나눠보아도 우리의 고객은 나에 대해 어느 정도 파악을 할 수 있다. 대화의 소재, 내용, 말투만 들어도 믿고 신뢰할 만한 사람인지 아닌지를 쉽게 구별하게 된다. 비즈니스 상에서 사용하는 대화법에 우리가 신경을 써야 하는 이유다.

직장에서 상사나 동료 및 고객에게 질문과 답변을 할 때는 최대한 공손한 표현이 좋다. '혹시 시간이 괜찮으시다면' 또는 '질문 한 가지가 있습니다.'로 물어보는 것이 좋고, 답을 할 때는 '잘 알겠습니다.', '말씀 주신 내용 바탕으로 정리해서 다시 보고 드리겠습니다.', '그렇게 하겠습니다.' 등의 표현을 해 보자.

비즈니스에서는 질문하는 법과 대답의 방식에 따라 상대방이 이해하는 결과가 달라질 수도 있는 만큼 최대한 예의 바른 대화법이 매우 중요하다. 예를 들어 상사로부터 요청받은 사항에 동의한다면 '네, 좋습니다', '저도 말씀 주신 내용에 크게 공감합니다.'라고 말하고, 요청이 맞지 않는다고 생각이 되면 '말씀 주신 내용으로 다시 확인해보겠습니다.'와 같이 긍정의 표현을 사용하고, '다만 ~이러한 부분이 우려됩니다.'와 같이 덧붙이는 것이 좋다.

긍정의 사람과 부정의 사람은 한끝의 차이이다. 아래 문장을 통해 자세히 살펴보자.

영업에서는 태도와 말하는 방식이 성과에 큰 영향을 미쳐, 긍정적인 영업사원은 고객에게 신뢰와 좋은 인상을 주지만, 부정적인 영업사원은 고객을 불안하게 하거나 거부감을 느끼게 할 수 있다. 긍정적인 영업사원의 특징은 첫째, 적극적이고 에너지가 넘친다. 둘째, 고객의 니즈를 경청하고 공감한다. 셋째, 문제 해결 능력이 뛰어나다. 넷째, 장기적인 관계를 구축한다. 다섯째, 목표 지향적이고 자기 개발에 노력한다.

고객과의 대화에서 활기찬 목소리와 밝은 표정을 유지하며 "좋은 기회입니다!", "이 제품이 고객님께 정말 도움이 될 거예요!" 같은 긍정적인 언어를 사용한다. 실패해도 쉽게 좌절하지 않고 "이 고객은 아직 준비가 안 된 것뿐이야"라고 생각하며 다시 도전한다. 단순히 제품을 파는 것이 아니라 고객과의 신뢰를 형성하여 구매 이후에도 "사용해 보시니 어떠세요?"라며 사후 관리에 애쓴다. 고객의 만족도를 높이고 재구매 및 소개로 이어지도록 하는 것이다. 또한 비즈니스 매너와 대화법을 꾸준히 공부하여 영업의 전 과정을 배움의 기회로 삼아 개선하려고 노력한다.

부정적인 영업사원의 특징은 첫째, 소극적이고 부정적인 말을 자주 한다. 둘째, 고객의 말을 잘 듣지 않는다. 셋째, 문제 해결보다는 회피하려 한다. 넷째, 단기적인 이익만을 생각한다. 다섯째, 자기 발전에 관심이 없다. 고객을 만나기 전에 "어차피 안 살 거야", "영업은 어렵다"라고 생각하며 "이건 잘 될 수도 있어요", "고객님이 별로 안 좋아하실 것 같은데요."같은 부정적인 표현을 사용한다. 실패하면 쉽게 포기하고, 고객의 거절을 개인적인 실패로 받아들이는 경향이 있다.

제품 설명만 길게 늘어놓고 고객의 반응을 신경 쓰지 않으며 고객이 불만을 말하면 변명하거나 방어적으로 반응한다. "그건 어쩔 수 없는 부분이에요.", "다른 고객들은 괜찮다고 하던데요."같은 말을 주로 사용한다. 고객과 신뢰를 쌓기보다 빠른 계약 성사에만 집중하며 한 번 판매한 뒤에는 고객을 신경 쓰지 않는다. 고객 만족보다 자신의 목표 달성이 우선이라 고객이 부담을 느끼게 되는 경우가 있다.

긍정적인 영업사원이 자주 사용하는 단어의 표현에는 가능성과 기회, 감사, 기대, 배움과 성장이 담겨 있다. 예를 들어 "할 수 있어", "좋은 기회야", "도전해보자", "고마워", "덕분에 성공했어", "행복해", "잘될 거야", "기대된다", "배울 수 있는 좋은 경험이야", "좋은 학습이 됐어", "같이 해보자", "재미있을 것 같아", "새로운 경험이야", "한번 해보자" 등이 있다.

반면에 부정적인 영업사원이 자주 사용하는 단어의 표현에는 불가능과 한계, 불평, 불만, 비관, 비교, 두려움, 비난이 담겨 있다. 예를 들어 "망했어", "소용 없어", "의미 없어", "난 안 돼", "쟤는 잘하는데", "그게 되겠니?", "귀찮아", "어떡하지. 걱정돼", "남 탓이야", "왜 나만 이래" 등이 있다.

긍정의 대화법을 사용하는 영업고수는 스스로 동기부여가 되며, 주변 사람들에게 좋은 영향력을 준다. 또한 더 많은 기회를 발견할 수 있다. 부정의 대화법을 사용하는 영업하수는 자기 확신이 줄어들며 사람들과의 관계가 소원해질 수 있다. 도전을 피하고 기회를 놓칠 가능성이 크다.

위 문장을 자세히 살펴보면 부정의 사람은 긍정의 사람과 달리 '~

처럼 보인다'를 확인할 수가 있다. 보이는 것은 시각적으로 느껴지는 부분이다. 이처럼 긍정과 부정의 차이는 겉모습으로 판단되는 경우가 높으므로 상대에게 보이는 부분에 신경을 써야 한다.

긍정의 대화법은 어떤 표현들이 있는지 살펴보자. 아래 문장을 반드시 숙지하여 내 것으로 만들어보면 더 좋을 것 같다.

물론 부정의 사람으로 언급된 위 표현은 전혀 이상하지 않다. 위 표현을 사용한다고 부정적인 사람으로 볼 수도 없다. 하지만 우리가 있는 이곳은 친구들과 함께 지내는 곳이 아니다. 비즈니스 현장이다. 더 중요한 사실은 우리의 겉모습의 출발점은 바로 내면이기 때문에 단단한 내면을 바탕으로 올바른 대화법과 비즈니스 매너를 습관화시켜야 함을 명심하자.

긍정성은 상대에 대한 존중이며, 나에 대한 존중의 표현이다. 비즈니스 현장에서는 상사나 직장동료는 물론 거래처 고객 등 다양한 사람들을 만나 대화하게 된다. 이들과 좋은 관계를 만들어 비즈니스를 이어나가고 싶다면 긍정의 비즈니스 매너와 대화법 사용이 필요하다. 긍정의 습관과 태도는 상대방에게 호감을 주며, 이는 곧 성공적인 비즈니스 성과로 이어진다. 즉, 비즈니스 매너와 대화법의 핵심은 바로 긍정성이다.

긍정은 최상의 성과를 만들기 위한 중요한 매너임을 잊지 말자. 처음에는 어색한 부분이 있겠지만, 어렵고 불편하다는 생각을 버리고 자연스럽게 입에 붙을 때까지 몸에 밸 때까지 연습해보자. 긍정은 당신의 품격을 높여준다. 자연스럽게 긍정의 말과 행동이 나올 때 당신의 상사나 직장동료 및 함께 일하는 고객은 당신에게 신뢰감과 유대감을 느끼게 될 것이다.

좋은 관계는 좋은 성과를 낳는다

오랫동안 산업현장에서 영업하다 보니 한 가지 중요한 사실을 알게 되었다. 기업의 꽃인 영업부에서 일하면서 매출로 직접 연결되는 다양한 영업 기술, 전략, 방법에 대해 배울 수 있었고, 좋은 성과를 만들기 위해 노력하다 보니 프레젠테이션, 엑셀 역량의 업무 능력도 향상되었다.

이러한 기본적인 업무 능력 말고도 중요한 것이 있다. 그것은 상사와의 관계이다. 이것이 핵심이다. 이른바 상사와 소통하는 능력이 정말 중요하다. 조직 구성원은 조직 안에서 각자의 위치와 상황에 맞는 방법으로 자신에게 주어진 일을 주인의식과 책임감을 느끼고 해

내야만 한다.

혼자가 아닌 함께, 팀워크를 통해 성과를 만들어낸다. 여기에서 핵심은 상사이다. 회사의 전략과 비전을 바탕으로 회사가 나아가야 할 방향과 비즈니스 매너를 준수하고 상사와의 올바른 관계를 만들어야 중장기적인 관점으로 내가 원하는 성과를 만들 수 있다. 내 마음이 편해야 일도 삶도 균형을 맞출 수 있다.

직장 상사와의 좋은 관계를 만드는 다섯 가지 포인트를 살펴보자.

1. 존중한다

현재 나의 상사는 회사에서 실력과 인정을 받은 사람이다. 아무리 제 멋대로인 상사라 할지라도 회사의 방향과 잘 맞아서 그 자리에 간 사람임을 명심하자. 우리의 상사는 인생 선배이자 동시에 직장 선배로서 존중하는 마음을 가져야 한다. 불편한 상대라도 단점보다 장점을 보려고 노력하며 그 존재 자체를 인정하자.

회사에서 내가 이루고자 하는 비전과 목표가 있다면 첫 관문인 나의 상사의 마음을 먼저 열어야 한다. 그 마음의 문을 열지 않고서는 절대로 갈 수 없다. 그렇게 하고 싶지 않다면 어떻게 하면 될까? 회사를 나와 창업을 하자. 그게 가장 빠른 길이다.

2. 감사한다

지금 내가 소속되어 있는 조직에 감사한 마음을 늘 품어야 한다. 회사에서 내가 잘 나가고 있다면 절대 내가 잘나서가 아님을 명심하자. 좋은 회사에 다닐 수 있음에 감사하고, 좋은 제품을 판매할 수 있음에 감사하는 마음을 가져보자. 가장 중요한 부분은 나를 가르치고, 코칭해주는 나의 상사가 있음에 감사해야 한다.

만약 상사가 나를 너무 괴롭히고, 힘들게 한다면 어떻게 해야 할까? 먼저 가져야 할 마음은 '내가 저 자리에 가면 나는 저렇게 하지 말아야지'하면서 배울 수 있음에 감사하자. 위로 올라갈수록 외롭고, 괴롭다. 그렇게 하고 싶지 않다면 어떻게 하면 될까? 회사를 나와 창업을 하면 된다. 그게 가장 빠른 길이다.

3. 수용한다

수용하기의 사전적 의미는 어떠한 것을 받아들인다는 것이다. 인정한다는 의미는 확실히 그렇다고 여기는 것이다. 나의 상사의 태도가 마음에 들지 않고, 불합리하다고 느끼는 첫 번째 이유는 나와 다르기 때문이다. 두 번째 이유는 나의 마음에 들지 않기 때문이다. 나와 코드가 맞지 않은 상사와 함께 일하고 있다고 생각한다면 인정할 필요는 없다. 하지만 수용할 필요는 있다.

회사에서 성장하고 싶은 목표가 있는 영업인이라면 나의 상사의 코칭에 이러저러한 핑계를 대지 말고, 일단 수용해야 한다. 그렇게 하고 싶지 않다면 어떻게 하면 될까? 회사를 나와 창업을 도전하자. 창업하기 위해서는 도전할 용기가 있어야 한다. 그리고 준비가 되어 있어야 한다.

용기와 준비 둘 중 하나라도 부족한 당신은 어떻게 하면 될까? 불합리하다고 여기는 나의 상사에 최대한 맞추기 위한 노력과 창업할 준비를 그 누구보다 철저히 하면 된다.

4. 함께한다

회사는 공동체이다. 공동체는 상호의무감, 정서적 유대, 공동의 이해관계와 공유된 이해력을 바탕으로 한 사회적 관계망을 핵심내용으로 하며, 개인과 공동체 사이의 갈등조정이 중요한 관건이다. 사람과 사람 사이의 관계에서 갈등은 피할 수 없는 숙명과도 같다. 갈등은 서로 다름에서 찾아오는데 다양성을 인정하며 나아가야만 한다.

그 무엇도 절대 혼자서는 할 수 없다. 제아무리 날고 긴다 해도 혼자서 헤쳐 나갈 수 없는 조직이 바로 공동체이며 내가 소속되어져 있는 회사이다. 함께해야 한다는 마음을 받아들이고, 늘 배운다는 마음가짐으로 회사에 다녀야 오래 다닐 수 있다. 도전할 용기도 없고, 준비도 되어 있지 않으면서 혼자 잘났다고 설쳐 대지 마라.

회사는 함께 헤쳐 나가야 하는 공동체이다.

5. 주도성을 갖자

사람이 주도성을 갖고 일을 한다면 나의 상사는 나를 높이 평가할 것이다. 수동적인 태도보다는 주도적인 태도와 습관으로 나아가는 직원에게 더 챙겨주고 싶은 마음이 생긴다. 상사도 사람이고, 답을 모른다. 누구보다 이슈에 대한 해결점을 갖고 있을 것 같지만 실상은 그렇지 않다.

현장에 있는 나보다 잘 모른다. 그러니 이슈에 대한 인식과 해결점을 가지고, 미팅에 참석하는 습관을 갖는 게 좋다. 업무에 대해 늘 고민하고 있으며, 생각하고 있다는 인식을 심어주는 태도를 보여 주자. 어느 순간 상사가 당신에게 질문할 것이다. '이 부분은 어떻게 생각하니?', '이러한 문제는 어떻게 해결하는 게 좋겠니?', '너 생각은 어떠니?' 이왕 하는 영업이라면 누구보다 주도성을 갖고 문제 해결에 앞장서는 모습을 보이는 것이 장기적으로 보았을 때 편하게 일할 수 있음을 인지하자.

영업은 혼자 하는 것이 아니다. 회사를 나의 상사를 그리고 가장 중요한 나 자신을 존중하고, 감사하는 마음으로 수용하며 함께하자. 가능한 주도성을 갖고 비즈니스 현장에서 함께 한다면 주변에서 당신을 도와주는 환경과 사람들이 생길 것이다. 결국, 좋은 관계를 만들어야 좋은 성과를 낼 수 있음을 바로 알자.

좋은 관계는 매너와 대화법에서 출발한다. 누구보다 좋은 비즈니스 매너를 갖추기 위한 노력을 해야 하며, 대화법을 익혀야 한다. 자기 삶의 주인이 되어 인내와 절제를 통해서 자신을 통제하는 사람과 참지 못하고 하고 싶은 거 다 하면서 사는 사람과의 결과는 불을 보듯 뻔하다.

삶은 한 번뿐이다. 영업도 마찬가지이다. 명심해라. 상황과 환경 탓은 이제 그만 하고, 좋은 성과를 만들어내기 위해서 좋은 관계를 위해 노력하라. 그리고 당신의 영업성과는 그 누구도 아닌 당신 스스로 만들어라. 당신이 주인이며, 시발점이다. 모든 일과 관계는 당신에게서부터 출발한다.

치료보다는 예방에 초점을 맞춰라

대한민국에서 영업하는 대부분 영업인은 각자의 위치와 상황에서 할 수 있는 최선을 다해 성과를 만들어내고 있다. 영업을 잘하는 사람들이 정말 많이 있다. 하지만 영업만 하는 경우가 대부분이다. 책을 읽거나, 공부하거나, 자기계발을 하는 영업인은 찾아보기 힘든 현실이다.

공부는 중, 고등학교에만 하는 것이 아니라 비즈니스 현장에서 시간과 비용을 투자해서 하는 공부가 진짜 공부이다. 내가 생각하는 공부에는 두 가지 종류가 있다. 학력을 높이기 위한 공부와 목표를 이루기 위한 공부가 그것이다. 대학을 졸업하고, 관심 있는 전공의 지식과 인맥을 쌓기 위해 석사, 박사 학위까지 받기 위해 노력하는 공부는 학력을 높이기 위한 공부이다.

목표를 이루기 위한 공부는 일과 학업을 병행하는 경우이다. 단순히 학력을 높이기 위한 공부가 아니라 현재하는 영업의 일을 디딤돌 삼아 인생 후반부를 준비하는 공부가 진짜 공부이다. 현장에서 배우는 부분과 연관하여 나의 목표를 이루기 위해 병행하는 공부를 통해서 진짜 성장을 이뤄낼 수 있다.

영업인들은 매출과 성과에 관심이 많으며 회사를 위해 열을 올린다. 틀렸다는 의미가 아니다. 맞다. 회사에서 월급을 받고 있고, 열심히 노력해서 성과를 만들어내는 일련의 활동이 영업인의 숙명이다. 내가 하고 싶은 말은 대한민국에서 영업하는 대부분 영업인이 그렇게 하고 있다. 누구나 잘한다는 말이다.

여기에 더해 영업 고수들은 시간과 비용을 투자한다. 회사가 아닌 나 자신에게 말이다. 언제까지 회사에 다닐 수 있을 것 같은가? 지금 눈앞에 보이는 현실이 다가 아니다. 그 이상의 너머를 보는 안목을 가져야 한다. 장기적인 관점으로 말이다. 나는 지금 하는 영업이 당신의 연봉을 제한하고 당신이 더 풍요롭고 자유로워지는 길에서 발목을 잡는 족쇄가 될 수도 있다고 생각한다.

나는 영업을 하면서 첫 번째 책을 집필했다. 책을 써보니 목표가 생기고, 목표를 이루기 위해 현재하는 영업에서 최고의 성과를 만들어내기 위해 노력했고, 그 결과 전국 영업 1등과 글로벌 TOP6로 선정되는 영광을 얻을 수 있었다. 이러한 전체적인 과정이 또 다른 책을 집필하기 위한 소스로 사용될 수 있기 때문이다.

현재는 영업과 비즈니스 관련 다섯 권의 책을 집필했다. 20대 중반, 대학교에서 열리는 외부강의에 우연히 참여했다가 강사에 대한 꿈을 키웠고, 명강사가 되기 위해 비즈니스 현장의 경험을 쌓기로 선택했다. 그렇게 영업의 길을 걷게 되었고, 나는 내 선택의 후회가 전혀 없다.

예를 들어 당신이 현재 영업을 잘하고 있다고 생각하면 지금까지 걸어온 길에 관한 이야기를 한 권의 책으로 만들어보길 진심으로 소망한다. 이렇든 저렇든 다 떠나서 과거, 현재 그리고 만나게 될 미래의 나를 발견하게 될 것이다. 생각보다 엄청나게 큰 기쁨이다. 일도 더 잘하게 될 것이고, 주변에서 당신을 바라보는 눈빛도 더 달라질 것이다. 나 역시 그런 경험을 했고, 지금도 느끼고 있다.

내가 제일 답답하게 생각하는 사람들은 자신에 대해 잘 모르는 사람들이다. 어떤 의미냐면 자신이 해온 경험이 정답인 것처럼 가르치려 하고, 지시하려 하는 자들이다. 대부분 어느 정도의 위치에 있는 사람들일 확률이 높다. 이를테면 현재의 시장 상황은 변화되고 있고, 과거와 많이 달라졌는데 과거의 본인 경험만을 강조하며 현장의 소리를 전혀 듣지 않는다. 정확히 말하면 듣는 방법을 모르는 것 같다. 영업을 예로 들어 구체적으로 설명하여 보자. 영업이란 무엇인가. 물건이나 상품을 고객에게 판매하는 일련의 활동이다. 따라서 첫째, 우선은 상품에 대한 정확한 지식을 갖추고 시장 상황을 바로 알아야 할 것이다. 이런 것은 현장에서 직접 고객을 대면해봐야 알 수 있다. 책상에 앉아서 배우는 것이 아니다. 그리고 듣지 못한다면 절대 앞으로 나아갈 수 없다.

둘째, 의사소통에 문제가 없어야 한다. 질문하는 법, 경청하는 법, 상대를 대하는 법에 대해 바로 알아야 한다. 소통은 학력, 지식과 상관없이 혼자 배워야 하는 영역이다. 모르는 것을 모른다는 사실이 가장 큰 문제이지만 상대에게 배우려고 하는 작은 습관과 태도가 당신의 소통을 더 올려줄 것이다.

셋째, 협상에 능하여야 한다. 지금까지 배운 학교의 커리큘럼에는 협상 능력에 관한 내용을 가르쳐 주지는 않는다. 실례를 하나 들어보자. 내가 영업을 처음 시작하였던 시기에 있었던 일이다. 다양한 고객을 만나면서 오직 한 가지의 본능과 직관에 충실한 의사결정을 해왔었고, 결과는 늘 제자리였다. 하지만 업과 고객의 성향에 따라 접근하는 방식이 다르고, 의사를 표현하는 방법이 다르다는 사실을 깨달을 수 있었다. 고객이 겉으로 말하는 것이 다가 아니라 진짜 고객의 속마음은 따로 있다는 부분도 확인할 수 있었다. 그 부분에 맞춰서 접근해야 하는 방식도 알게 되었다. 보통 비즈니스 현장에 대한 의사결정을 할 때 등 큰 이슈가 있을 때만 협상을 하는 것 같지만, 실제 우리는 모든 일상생활에서 협상하게 된다.

내가 말한 세 가지를 영업만 하면 배울 수 있다고 생각하는가? 절대 아니다. 유튜브에 자신에게 도움이 될 만한 교육을 시간을 내어 들어보고, 더 실용적이고 구체적으로 배우고 싶다면 비용을 투자해서 영업, 실무, 협상, 소통에 대한 세미나에 참석하거나 관련된 책들을 계속 읽고 배워야 하며 나의 능력을 향상해야 한다.

영업하면서 느끼는 부분은 영업은 이론으로 배워 머릿속에 있다고 해서 실행되는 것이 아니라 몸으로 겪어 가면서 체득하는 것이라는 사실이다. 수많은 영업 고수들이 영업하는 도중에 배움을 향해 나아가는 이유는, 현재 소속되어 있는 직장을 평생 다닐 수 없다는 것을 잘 알기 때문이다.

결국, 진짜 영업은 퇴사 이후에 하게 되는 것이다. 요약하여 보자.

1. 회사에서 인정을 받으며 영업의 성과를 잘 내고 있더라도 자신을 위한 투자는 새로 해야 한다.

2. 지금 눈앞에 보이는 현실이 다가 아니다. 그 이상의 너머를 볼 줄 아는 안목을 가져야한다.

3. 영업에서 성과를 내기 위한 노력, 과정은 누구나 다 하고 있다.

아무나 하지 않는 자신이 가장 잘할 수 있는 목표를 가져야 한다.

4. 지금 하는 영업을 디딤돌 삼아 그 이상의 목표 달성을 위한 노력을 시작해야 한다.

5. 소속되어 있는 회사는 당신 회사가 아니다. 자신만의 회사를 지금부터 만들기 시작해야 한다.

제2의 인생에 들어가기 전에 영업의 성과와 함께 자신만의 명확한 목표를 위해 준비한 사람이 결국 승리자가 된다. 은퇴하고 난 뒤에는 당장 먹고 살기 바쁜 나머지 자신을 위한 시간과 비용 투자가 쉽지 않다. 내가 영업하고 있는 지금 성과를 만들어내는 노력은 기본이고, 닥치는 대로 배우고, 공부하라는 이유가 바로 그것이다. 치료보다 더 중요한 사실은 바로 예방이다.

미리 준비해라. 제발!

리더의 삶은 평생교육이다

요즘 책이나 유튜브나 잘 팔리는 콘텐츠는 다음과 같다. 돈, 부자, 건물, 투자, 주식 등 경제적 안정을 찾기 위한 노력이나 과정이 중요한 것이 아니라 헛꿈만 꾸게 되면서 현재 하는 일을 게을리 하게 만들고 있다. 그런 책과 유튜브는 제발 멀리하라. 이 책을 읽고 있는 당신이 영업하고 있다면 그 일을 잘하는 방법부터 배워 나가고 그 일과 관련된 책부터 먼저 읽어라. 비즈니스 현장에서 영업을 잘하는 사람이 누구인지 살펴보고 연락을 취해 영업을 잘할 수 있게 가르쳐 달라고 부탁하여라. 지금 하는 일에서 인정받지 못하면 더 이상의 진전은 없다.

인생은 한 방이다! 절대 그렇지 않다. 그러다 한 방에 훅 간다. 그렇게 말하는 사람을 가장 경계하고 멀리해야 살 수 있음을 명심하라. 가장 손쉽게 성공하는 방법은 한 가지다. 단순하고 반복적인 일을 하는 것이다. 꾸준히 말이다. 여기에 한 가지를 더해야 한다. 그건 바로 일에 대한 숙련도와 정확도를 높이는 구체적인 방법을 찾고, 실행하면서 끊임없이 배우는 것을 우선으로 하여야 한다.

컴퓨터 활용능력과 프레젠테이션 능력은 기본이다. 영업하는 사람이라면 데이터를 보는 눈과 관리하는 능력은 필수이다. 정리된 내용을 내부 고객과 외부 고객에게 잘 전달하는 발표력은 당신이 생각하는 그 이상으로 중요한 요소이다. 나는 영업에 입문하면서 워드 프로세스부터 공부했다. 이후에 컴퓨터 활용능력, 사무자동화산업기사, MOS MASTER 등 컴퓨터 관련된 많은 자격증을 취득하며 공부를 이어나갔다. 위 두 가지를 잘하게 된다면 주변에서 당신을 바라보는 눈빛이 달라질 것이다.

그다음에는 다른 어떤 외국어보다도 먼저 영어 공부를 하여야 하는데 어중간한 실력을 갖춘 나는 지금도 영어에 목마르다. 현장에서 보니 영어를 잘하면 플러스 요소가 너무 많다는 것을 깨닫게 되었다. 더 많은 기회가 주어지게 되며, 더 인정을 받게 된다. 그래서 나도 지금부터 제대로 영어 공부를 시작하기 위한 출발점에 서 있다. 당신도 늦지 않았다. 지금부터 시작하라.

독자들이 가끔 메일로 보내는 질문 중에서 내가 제일 답답하게 생각하는 질문이 있다. "어떻게 하면 영업을 잘할 수 있을까요?"라는 식의 질문이 바로 그것이다. 아니, 내가 당신에 대해 이름도, 성도 모르는데 그것을 내가 어떻게 알겠는가. 최소한 현재 어떤 산업 군에 종사하면서 영업을 하고 있고, 영업을 시작한 지는 몇 년이 되었고, 이런 고객을 만났을 때 이러한 일들이 있었는데 어쩌고저쩌고 등 최대한 자세한 내용을 적어주는 게 기본적인 상식이고, 상대에 대한 예의 아닌가?"

무슨 일을 하든지 특히 영업. 사람을 상대로 하는 일에서 가장 중요한 것은 태도이다. 사람이 최소한 지켜야 할 예의가 있듯이 영업에서 가장 중요한 것은 태도이다. 인간의 태도는 세 가지로 나뉜다. 가르치려는 태도, 배우려는 태도, 중립적인 태도가 그것이다. 가르치려는 태도를 보인 사람들은 보통 우월의식과 권위의식이 있다. 상대를 무시하거나 깔보는 경향이 있는 사람들이다.

중립적인 태도를 보인 사람들은 흔히 말해 간을 보는 사람들이다. 나에게 득이 되면 배우려고 하고, 실이 될 것 같으면 움직이지 않는 사람들을 뜻한다. 나처럼 배우려는 태도를 보인 사람들도 있다. 어떤 일을 하고자 할 때 그것이 사람을 주로 상대하여야 하는 일이라면 특히 영업하고 있다면 자신의 태도가 어떤 형태를 취하고 있는지 반드시 짚고 넘어가야 한다.

나는 영업을 하면서 성과를 내기 위해 노력하고, 노력했다. 그 결과 전국 영업 1등을 할 수 있었다. 이후 내가 가장 먼저 한 일은 대학원 등록이었다. 리더십이란 학문에 관심이 생겼기 때문에 나는 국민대학교 경영대학원 리더십과 코칭MBA전공으로 공부를 마쳤다. 영업과 리더는 참 많이 닮았다.

대부분 영업인은 자신이 일을 충분히 잘하고 있다고 생각한다. 그도 그럴 것이 매월 말이 되면 꼬박꼬박 월급이 나오기 때문이다. 더 잘, 더 효율적으로, 더 좋은 성과를 만드는 방법이 있다는 것을 인정하지 않는다. 그러니 배우려고 하지 않는 결과로 이어진다. 참 안타까운 일이다.

통계에 의하면 사람 중 90% 이상이 자신은 다른 보통 사람보다 일을 더 잘하고 있다고 생각한다고 한다. 사람들이 가끔 내게 묻는다. 서점에서 책을 왜 그렇게 사서 읽느냐고 말이다. 그때마다 내가 준 대답은 "내가 영업을 잘하고 있는 것인지, 내 인생의 궁극적인 목표는 무엇인지, 올바른 방향으로 잘 나아가고 있는지, 나 잘난 맛에 살고 있지는 않은지 등등이 불안하다 보니 나를 점검하고, 더 나아지려고 읽는다."라는 것이었다.

자, 영업을 좀 더 잘하려면 어떻게 하여야 하는가,

첫째, 현재 좋은 성과를 내고 있다면 반드시 개선점을 찾아내라. 나는 매년 높아지는 회사의 목표 달성을 위해 "더 효과적인 방법은 없는 것일까?"를 끊임없이 고민한다. 시간을 덜 들여서 더 좋은 결과를 만들기 위해 노력하는 편이다. 집에서도 나는 거실과 내 서재를 끊임없이 닦고, 청소하고, 정리한다. 더 좋은 환경을 구축하는 것이다.

둘째, 고객과 미팅하기 전에 필요한 내용과 프로세스를 반드시 점검한다. 아무런 목적 없는 방문이 아니라 이번 미팅에서 내가 얻고자 하는 정보나 분명한 목적을 가지고 고객과 미팅이 이뤄진다. 고객에게 나올만한 질문들을 정리하고, 필요하면 증거 자료도 가방에 넣고 간다. 사전에 준비하는 자만이 좋은 성과를 만들어내는 법이다.

셋째, 확인하고 또 확인한다. 과거에 영업하면서 고객에게 실수했던 적이 수도 없이 많았던 터라 데이터의 경우 보고, 또 보는 경우가 많다. 또한, 어떤 일을 진행하면서 빠진 것은 없는지, 내가 놓치고 있는 부분은 없는지 점검하고 또 점검한다. 동료 선후배들에게 나의 의견에 대해 피드백을 구하며, 확인하고 또 확인한다. 이미 다 되었다고 착각하는 순간 실수가 터지기 마련이라는 사실을 누구보다 잘 알고 있기 때문이다.

넷째, 시간 관리를 잘해라. 아침 눈을 뜨자마자 밤늦게까지 판매한다고 무작정 고객을 만나 돌아다니는 구시대적인 사고에서 벗어나야 한다. 늦게까지 일에만 매달리는 무식한 사고방식에서 탈피하라. 영업하는 우리는 100m 달리기를 하는 게 아니라 장기적인 마라톤을 해야 한다는 사실을 명심하라.

다섯째, 겸손해라. 그 무엇보다 중요한 사실은 나를 낮추고, 상대를 높이는 전략을 써야 한다. 굽실대라는 의미가 아니다. 누구를 만나든지 늘 배우는 자세로 임한다면 자연스럽게 상대를 존중하게 되어 있다. 나 잘난 맛에 사는 사람들 오래 못 간다. 영업하는 직장인이라면 특히 상사에게 무조건 잘해라. 상사를 통해 모든 걸 배울 수 있다. 좋은 상사를 만나고 있다면 정말 행운이다. 제 멋대로인 상사를 만나고 있다면 '내가 그 자리에 가면 저러지는 말아야지' 하면서 배워라. 그게 정답이다.

마지막으로 이 책을 읽고 있는 당신에게 꼭 해주고 싶은 말이 있다. 영업을 선택한 당신은 정말 축복의 사람이다. 정말 잘한 선택이라는 사실을 말해주고 싶다. 영업 고수들을 만나면서 깨달은 것은 그들이 현재의 자리와 위치에 있기까지에는 그 전의 누구에게도 말하지 못할 초라한 단계들이 있었음을 명심해라. 직급이 올라갈수록, 나이가 들수록 더 많이, 더 자주 배워야 한다.

평생교육이다.

영업고수의 비즈니스 매너와 대화법

초판 1쇄 발행 | 2025년 4월 7일

지은이 | 권태호
펴낸이 | 김지연
펴낸곳 | 마음세상

외주편집 | 김주섭

출판등록 | 제406-2011-000024호 (2011년 3월 7일)

ISBN | 979-11-5636-616-4(03190)

원고투고 | maumsesang2@nate.com
블로그 | blog.naver.com/maumsesang

* 값 18,000원